男の子の学力の伸ばし方

進学塾ＶＡＭＯＳ代表
富永雄輔

ダイヤモンド社

はじめに――どんな子でも必ず学力は伸ばせる

なぜ入塾テストがないのに、圧倒的な合格率なのか？

私は、東京・吉祥寺に本部を置く学習塾「進学塾 VAMOS（バモス）」の経営者として、自ら子どもたちの指導にあたっています。そこでは、難関校への高い合格率はもちろんのこと、社会に出てからもたくましく生きていける人間に育てることを重視しています。そんな私の学習メソッドは、男の子の将来を考える父親たちから、とくに大きな支持を得ています。

VAMOSでは幼稚園児から大学浪人生までの子どもたちを預かっており、男子小学生の場合、開成、麻布、筑波大学附属駒場といった首都圏の難関中学校に毎年、多くの合格者を送り出しています。その合格率は首都圏トップクラスです。

現在、吉祥寺のほか四谷、浜田山などに規模を拡大しているものの、あくまで生徒数1

50人前後の小さな学習塾にすぎません。

こんな小資本のVAMOSが好成績を上げられる理由について、多くの人は「徹底的に選抜して、最初から優秀な子どもを入塾させているからだろう」と考えるようです。

しかし、まったく逆で、**入塾テストは一切行わず、生徒は「先着順」に受け入れています**。優秀どころか、「うちの子どもはどうしようもない」と悩んで、早くから相談にくる親御さんも多いのです。

そういう子どもたちを選抜なしに受け入れているのは、**「子どもの能力は1回の入塾テストでは測れない」という持論があるからです**。とくに、中学受験を目的に入塾してくる子どもの多くが小学4年生以下で、そんな幼い時期に、1回のテストで自分の持てる力を出し切れるはずがありません。

父親から支持されるロジカルな学習メソッド

私には、**「どんな子でも必ず伸びる」**という確信があります。こと「伸び率」に関して、私はどこの学習塾にも負けない自信があります。それは単に実績の話だけではなく、**再現**

性のある学習メソッドを取り入れているからです。

具体的には本文に譲りますが、学力を伸ばす勉強には、**明確なロジック**があると考えています。

多くの人は学力をセンスや才能のたまものだと考えていますが、実際にセンスが必要となるのは、ごく一部の天才同士の戦いに限られます。ほとんどの子どもにとっては、そもそもセンスは必要ありません。

また努力は必要ですが、どれだけ長時間勉強しても、正しい努力でない限り結果がともなわないのは、社会人にとっての仕事とまったく同じです。

本書は、学力が伸びるメカニズム、「わかる」ことのブラックボックスを可視化しながら、どんな子でも学力を伸ばせる考え方や手法をお伝えします。

- 勉強はしているのに、どうしても子どもの成績が上がらない人
- 子どもの中学受験を考えていて、もっと効果的な勉強法を知りたい人
- 受験勉強には反対だが、子どもに将来役立つ学力を身につけてほしい人
- 子どもに自分から勉強してもらいたいと思っている人
- 自由放任で育てたら、子どもが全然勉強しないと悩んでいる人

・夫婦間で、子どもの勉強への取り組みに熱の違いがある人

こうした方に、本書はとくにおすすめです。

多くの人は、子どもの学力を伸ばすために、問題を解く魔法のノウハウや、「センスのいい考え方」を期待するかもしれません。しかし、そうしたものは存在しません。

学力が伸びるプロセスを分解すれば、**基礎となる知識の「点」を増やして、それを効果的につなげて「線」にしていく**ということです。言い換えると、「つながる」ということが、「わかる」ということです。

算数には問題を解く土台としての「九九」がありますが、実はほかの教科にも「九九」にあたる基礎があります。それを反復トレーニングで学び、基礎同士を上手につなげること。学力が伸びる構造は、センスではなくロジックなのです。

一人ひとりに合わせた「ステップ学習」で必ず学力は伸びる

ＶＡＭＯＳでは、ロジカルで再現性のある学習法を取り入れている一方で、子どもたち

一人ひとりの個性に合わせ、多様で柔軟な対応をしています。

具体的には、まず徹底した**「ステップ学習」**を行っています。

こちらも詳しくは本文に譲りますが、そもそも学習はスポーツと同様、練習の積み重ねが必要なものです。A・B・C・D・Eとだんだん高度になっていく内容があったときに、Bを理解せずにC以降を理解することはできません。必要であれば最初のAに戻って学び直すことが、やがて全部を理解することにつながります。

ところが、「ほかの子に遅れてはいけない」「少しでも高度なものを学ばなくては」と、ステップを飛ばしてしまうケースが多いのです。

私は決してそれをせず、その子の**「理解の現在地」**を見極め、確実にステップを踏んでいきます。ロジカルではあるけれど、十把一絡げの教え方はしません。

「男の子」の脳の発達にフォーカスした科学的な学習法

さらに、本書のタイトルにあるとおり、私は「性差」にフォーカスして子どもたちを伸ばしています。

このジェンダーフリーの時代に性差などと言えば、「もしや、差別主義者なのでは」と警戒されるかもしれませんが、間違ってもそんなことはありません。私は、男の子も女の子も、その可能性を最大限に活かし、自由で豊かな発想ができる人物になってほしいと願っています。

そして、そのためには**性差に着目した学習が大きな効果を上げる**と、経験上確信しているのです。

もちろん、経験論だけで判断しているのではありません。

脳科学の専門的研究で、**女の子は右脳と左脳が早くからバランス良く育つのに対し、男の子は右脳ばかり先に発達し、左脳は遅れる**ことがわかっています。

言語能力を司る左脳の発達が遅れた男の子が、なかなか国語の長文読解をできないのは当たり前なのです。

大人になれば、男も女もそれぞれ苦手分野をカバーできますが、脳が成長途上である子どもたちには、その影響が大きく出ます。それを無視して教えようとしたら、子どもたちに余計な負荷がかかるだけでなく、学習効果も半減します。

もちろん、脳科学的にも性格上も、女の子っぽい男の子もいるし、男の子っぽい女の子もいます。実際に、大人になってからも男性の約15％が女性脳を持ち、女性の約10％が男性脳を持っているといわれています。おそらく、子どもたちにも、同じような傾向が見られるはずです。

だから、男の子の親御さんに姉妹版である『女の子の学力の伸ばし方』を読んでいただくことも、女の子の親御さんに本書を読んでいただくことも大歓迎です。要は、**「その子らしさ」に合わせた学習**をしていただきたいのです。

勉強をとおして、社会に出たあとも役立つ「生きる力」を身につける

私は幼少期の10年間、父親の仕事の都合でスペインのマドリッドで過ごしました。スペイン人の生活は、まさにサッカーを中心にまわっているような状況でした。私の家のそばにもサッカー場があり、私自身、サッカーまみれで育ちました。

そのため、今は学習塾経営の傍ら、日本サッカー協会の登録仲介人として、Jリーグのプロサッカー選手の育成やマネジメントにも携わっています。

そんな私が中学生のときにスペインから帰国し、まず感じたことは、日本の教育の素晴らしさでした。日本人は子どもも含めて礼儀正しく、ほとんどの人が読み書きができます。

そんなことは、スペインではあり得ませんでした。

ただ、日本人がすぐに自分を卑下するところや、自分で判断できないところ、主体的に考えようとしないところは残念に思われました。

この十数年、日本では幼児教育の大切さが注目され、多くの子どもが幼い頃から学習塾に通っています。しかし多くの学習塾では、受験に合格するテクニックだけを子どもたちに与え、社会に出てから通用する力は身につけさせようとしません。

たとえば、共通の勉強のカリキュラムが決められ、子どもたちはそれを必死にこなすことを求められます。その子に合わせたカリキュラムではないので、当然、そこから振り落とされる子が出てきます。

また、これは塾側が用意するフォーマットですから、言い方は悪いですが、子どもたちはロボットのようになって、そのフォーマットどおりこなすことが求められます。

しかし、これでは単に試験だけに強い、非力な受験エリートになってしまいます。

ほとんどの親は、自分の子どもたちに、自分で考え、自分で人生を切り拓ける子になってほしいと望んでいるはずです。指示待ち人間ではなく、主体的に考え、行動できる人になってほしいはずです。

私の学習法では、子どものレベルに合わせてカリキュラムをつくったり、暗記の方法を子ども自身に選ばせたり、2割の自習時間でなにをするかを生徒に考えさせたりと、**勉強しながら自主性を伸ばしたり、考える力や決断力を養うこと**を常に意識しています。

ちなみに、プロサッカー選手の育成は、基本的に学習塾での育成方法と同じ考え方で実践していますが、スポーツと勉強には共通するところが多くあります。

トレーニングメニューを決め、技術を習得し、ゲームの中での動きを理解していくことは、勉強の「わかる」メカニズムと同じです。

ワンパターンの暗記学習だけでは複雑な局面に対応できませんし、複雑なゲーム運びを理解し、実践するためには、正確なキックやトラップという基礎力が必要となります。そうした基礎力を有機的につなげるコツがあるのです。

おかげさまで、学習塾だけでなく、サッカー選手からの評判も上々で、新規の依頼も多くいただいています。

「自分の工夫や努力で達成するという経験」が子どもを伸ばす

VAMOSでは、一人ひとりの子どもを、その家族と共に育てています。私は、子どもたちを遠慮なく叱ります。というのも、難関校に合格するスキルを与えることが終着点だとは考えていないからです。

最も重要なのは、**「できなかったことが、自分の工夫や努力によってできるようになるという経験」**です。これを積ませることが、その子の生きる力となるわけで、男の子も女の子もそこに違いはありません。

VAMOSには、無事に中学受験を終えて退塾したのに、また戻ってくる子どもたちもたくさんいます。その点では、単に学習テクニックを学ぶだけでなく、人間として成長できる場になっていると私は自負しています。

また、子どもたちに「学習習慣」が身についているのが、なによりも嬉しいことです。**学習習慣は一生ものの力です。**幼少期から勉強する習慣が身につけば、大学受験も、働き始めてからの勉強も苦になりません。人生100年時代といわれる今、柔軟なキャリアチェンジを可能にするのは学習習慣です。

それは決して一朝一夕では身につかない、その後の人生における最大の資産となるでしょう。自ら学び、成長できる習慣は、**持って生まれた頭の良し悪しに左右されず、社会をたくましく生き抜く力**となるはずです。

男の子の学力を伸ばすために、親ができることすべて

本書は、まず序章で学力を伸ばす基本的な考え方をまとめています。

第1章では、**男の子の本能的な7つの特徴**について、第2章ではその特徴を活かした、**学力を伸ばす5つの絶対法則**について解説します。

第3章では、**考える力を養う13のコツ**、第4章では男の子がとくに苦手な**目標・計画術のテクニック**を紹介します。

第5章は具体的に、算数・国語・理科・社会の成績を効率的に上げる**必修4教科の勉強法**を細かく見ていきます。そして、第6章で男の子が**自主的に学習するための習慣づくり**を、最後の第7章では、**成績を伸ばせる親の習慣術**をまとめていきます。

本書は、あくまで学力を伸ばすための入口に限定していますが、そのために親ができることすべてを1冊で網羅した内容となっています。試せるところから、ぜひ実践してみてください。

子どもたちには、親が考えている以上に潜在的な力があります。左脳が発達していない男の子は言葉足らずで、親から見るとなんとも頼りなく感じるはずです。しかし、彼らはあるとき、ちょっとしたきっかけで大化けします。ここが、男の子の面白いところです。

本書が、その能力を引き出す一助になれば、著者としてこれ以上嬉しいことはありません。

男の子の学力の伸ばし方—目次

序章

男の子の学力を伸ばすには方法がある

——脳の特性を効果的に活かすロジカルな学習法

第1章

男の子を突き動かす不思議な7つの特徴
――幼くも誇り高き小さな戦士たちの本能

第2章

男の子の「学力」を伸ばす5つの絶対原則

──どんな子にも共通する「成績アップ」のメカニズム

第3章

仕事でも勉強でも一生役立つ「考える力」の育て方

──点と点を自分でつなげられる13のコツ

第4章

成績がぐんぐん上がる男の子の目標・計画術

——無邪気な心を上手に動かす13のテクニック

第5章

「必修4教科」の最強勉強法26

——算数・国語・理科・社会の成績を最短ルートで上げる方法

第6章

自分から机に向かう子に変わる13の「勉強習慣」

——グズグズしがちな男の子を激変させる仕組み

第7章

成績が伸びる男の子の親がこっそりやっている26の習慣

——合格する子の親に共通する納得の「子育てルール」

叱る・褒める習慣

序章

男の子の学力を伸ばすには方法がある

脳の特性を効果的に活かすロジカルな学習法

男の子は手がかかります。どの親も「大丈夫だろうか」と困惑しています。でも、落ち着きや集中力がなくても大丈夫。子どもはみんな磨けば光る原石です。持って生まれた能力に左右されず、気合いや根性にも頼らず、男の子の脳の発達に合わせた学力を伸ばすコツがあるのです。

どんな男の子でも成長できるロジカルな学習法

男の子はみんな落ち着きがなく集中できないもの

入塾テストを行わないVAMOSには、大手の学習塾からドロップアウトした子どもたちもやってきます。ドロップアウトしてくるのは男の子が多く、親は「どうしていいかわからない」と頭を抱えています。しかし、そういう子どもたちも確実に成長させる自信が私にはあります。

VAMOSでは入塾テストは行わないけれど、その分私は、親も含めた面談を大事に考えています。そこで毎回、痛感するのが**「自分の子どもに対する親の評価ほど、あてにならないものはない」**ということです。

少子化が進んでいる今、1つの家庭における子どもの数はたいてい1~2人。多くても3人程度です。となると、親はその子の比較対象をほとんど持たない状況で、「縦」の評価をしてしまいます。縦の評価とは、子どもの力を判断するにあたって、親が自分の経験を持ち出すものです。

とくに男の子の場合、父親が「俺がおまえの年齢のときは、このくらい簡単にできたものだ」などと言い出すことがあります。

しかし、たいてい過去の自分は美化されており、父親だって今の子どもとたいして変わらなかったはずなのです。

一方、母親は、自分の子ども時代とはまったく違った態度をとる男の子に振り回され、疲れ果てています。

そうです。どこの家庭でも、男の子は「この子、このままで大丈夫か？」という困惑の存在になっているわけです。

でも、男女合わせて多くの子どもたちを見ている私は、フラットな「横」の評価ができます。私に言わせれば、小学生の男の子なんて、高学年になってもみんな似たようなもの。

落ち着きがなく、勉強に集中できないのが普通の姿です。

それでも、ロジカルな学習法さえ身につければ、どんな子でもちゃんと成長し、結果を出してくれますから心配には及びません。

勉強とは理解のプロセスを踏んでいくこと

気合いや根性が本当は非効率な理由

男の子に限ったことではありませんが、子どもはみんな磨けば光る原石です。

これまで、泥だらけの原石をたくさん託されてきましたが、磨いて磨いて、それが宝石ではないただの石だったというケースは100に1つもありません。磨き甲斐のない子どもなんていないのです。

だから、VAMOSでは入塾テストを必要としません。入塾テストを行えば、すでに磨かれている石だけが残ってしまい、可能性を秘めた泥だらけの子どもたちを排除することになってしまいます。

それよりも、受付順にきてくれた子どもを預かり、その子なりに最大限、輝けるように、家族と一緒になって取り組むことのほうが、私にとってははるかに楽しいのです。

では、原石を光らせるために親がすべきことはなんでしょうか。

答えは単純です。洗って泥を落とし、ひたすら磨いていくことです。これが、VAMOSの「ステップ学習」にあたります。

勉強とは、理解のプロセスを踏んでいくこと。これをロジカルに進めていけば、どんな子でも結果を出せるようになります。それしか方法はないというのが私の考えです。

ところが、多くの親は「AIの時代にステップなんてまどろっこしい」「もっと劇的に変わるものはないのか」と魔法の方法を求めます。あるいは、気合いや根性で子どもを動かそうとする親もいます。

どちらも、まったく効率的ではありません。子どもの能力をうんぬんする前に、まず親が理性的になる必要があります。

欧米ですでに始まっている男女別カリキュラム

男の子の脳の特性に合わせて成績も4倍アップ

男性と女性は脳が違います。それは単なる事実であって、どちらがいいとか悪いとかといった問題ではありません。

たとえば、なにかの数を数えるときに、女性が「1・2・3……」と声に出す傾向にあるのも、脳の特徴によります。

男性は、空間能力を司る右脳で数えているのに対し、女性は右脳だけでなく言語能力を司る左脳も同時に使っているため、言葉となって現れるのです。

また、女性がカラフルなものを好み、男性がモノトーンを好むのも脳のつくりに原因があります。色を選別する網膜の「錐状体細胞」のもとは、X染色体です。X染色体が1つしかない男性に比べ、2つある女性は色を細かく認識し、描写できるというわけです。

幼い子どもたちも同様で、女の子が文房具を選ぶのにカラフルでかわいいものを好むのは当然なのです。

しかし、小学生の女の子が大人の女性に近い脳を持っているのに対し、男の子の脳はまだまだ発展途上です。

男の子は右脳がどんどん発達している半面、言語能力を司る左脳はなかなか育ってきません。そのため、言葉が足らずにとても幼い状態に留まっています。**そういう男の子をブレークスルーさせるには、彼らの脳の特性を押さえた学習が必要です。**

欧米を中心に、それぞれの能力をより伸ばすために、男女のクラスで学習の仕方を変えるといった学校も出てきています。

イギリスのあるハイスクールでは、それによって男子生徒の国語の成績が4倍になり、女子生徒の数学の成績が2倍になったそうです。

このように、性差を考慮した教育は、苦手の克服にも寄与しているのです。

子どもの学力には「10歳の壁」がある

「学力の差」が生まれる最初の分岐点

男の子は、小学校高学年になっても相変わらず幼いままです。しかし、この時期は学力をつける上で非常に重要です。

よく**「小4ショック」「10歳の壁」**といった言葉が用いられますが、このあたりで個々の学力の差に拍車がかかるといわれています。

そして、その大きな理由は**「中学受験」**にあると思われます。

中学受験のための勉強は、ただ「知っている」に留まらず、その知識から考えて落とし込む作業が必要です。中学受験を目指しているならば、小学生であろうとも、それを繰り返し行わねばなりません。

一方で、公立の小学校は、いろいろなレベルの児童を相手に、落ちこぼれが出ないように教えていきます。

当然のことながら、中学受験を目指している子どもたちと、学校の授業を中心にしている子どもたちでは、学力に大きな差がついてしまうのです。

とはいえ、実際に中学を受験するかどうかが重要なのではありません。公立小学校の授業内容で留まっているのか、それとも、伸び盛りの時期に適切なステップ学習を重ねさせ、学力を飛躍的にアップさせることができるのかが問われているのです。

あなたのお子さんも、まさにその時期にさしかかっています。

「基礎」がなければ、いくら考えてもわからない

「絶対的基礎力」が、考えるためのすべての土台

勉強とは理解のプロセスを踏んでいくことです。

「理解のプロセスを踏む」ために必要なのは、徹底した基礎の習得とステップ学習です。

たとえば、サッカーの試合中にパスがまわってきたら、「右から攻めるか、左に抜けるか」ということを一瞬で判断しなければなりません。このとき、一種の応用力が求められているのかもしれませんが、その前に、きたボールを上手にトラップする必要があります。それが無意識にできていてこそ、その先を考える余裕も生まれます。そして、トラップが無意識にできるようになるのは基礎練習の積み重ねがあるからです。

このトラップ技術にたとえられるような、**「そもそもそれを知らなければいくら考えても解けない問題を解く力」を、私は「絶対的基礎力」と呼び、最重視しています。**「頭を使わずに問題を解く力」「手を使って解く力」と言い換えてもいいでしょう。百ます計算

や公文の学習も絶対的基礎力を磨くのにいい方法です。

中学受験においても、あるいは大学受験であっても、現実問題として絶対的基礎力は不可欠。小学生なら、足し算や引き算、九九、漢字の読み書き、社会の暗記問題などを**徹底的に反復学習すること**が非常に重要です。

しかし、こうした絶対的基礎力の重要性は、当たり前すぎて逆に見落とされています。それどころか、「考える力こそ重要だ」という最近の風潮によって否定される傾向にあります。

応用問題は基礎がなければ絶対に解けない

学力の土台が完成したとき「ブレークスルー」が起きる

VAMOSで親御さんと面談していると、「うちの子は男の子なので、応用力をつけてほしい」という声をよく聞きます。

とくに父親に多く、会社でも部下に「応用力が大事だ」と言っているのではないかと推測されます。でも、言われた部下は「応用力ってなんだ？」と思っているかもしれません。そもそも、応用力とはなんでしょう。子どもたちの勉強でも、**基礎の反復で得た力がどこかで応用力になって現れる**ことがあります。

たとえば、0・125が8分の1であるとか、0・375が8分の3であるといったことを、基礎の反復学習をしている子どもは感覚的に身につけています。そのため、「0・375ということは1000分の375だから……」と考えるのではなく、いきなり8分の3を持ち出し短時間で問題を解いていくことができます。これも一種の応用力でしょう。

私たちが英語の長文を読み解くときに、わからない単語が出てきても前後の流れでだいたい予測がつくことがありますね。しかし、それは前後の単語がわかるから可能なのであって、ほとんどわからなければお手上げです。まずは、いかにたくさんの英単語を知っているかが勝負になります。

つまりは、応用力とは基礎学力の延長線上にあるということが言えます。

基礎学力があれば応用問題を必ず解けるというものではありませんが、基礎学力がなければ応用問題は絶対に解けません。応用力を求める以前に、まず徹底した基礎学力の構築が必要なのです。

だからVAMOSでは、ほかの塾の何倍も基礎学力の習得に時間を費やしています。それによって確固たる土台ができていると、あるときブレークスルーが起きるからです。

まず教科ごとの「ゼロ地点」を見極める

男の子は「正しい現在地」からのスタートがカギとなる

基礎学力の習得では、その子が今どこまで理解できているのかという**「現在地」**を見極めることが必須です。できないところを**「ゼロ地点」**として、そこから基礎学力を高めていく必要があるからです。

とくに、小学生の男の子は、女の子と比べて個人の学力差が激しく、偏差値の差も大きく出ます。だから、「A君もB君もここまでできているから」と、C君のゼロ地点を決めつけることはできません。学年で大雑把にくくってもいけません。あくまで、**C君はC君としてだけ見ます。**

また、ゼロ地点は教科ごとに丁寧に見ていかねばなりません。というのも、もともと男の子は**「好きなことしかやらない」**ところがあって、放置しておけば好きな教科はどんどん伸びるけれど、嫌いな教科はますます苦手になっていくからです。

「算数のゼロ地点はここ、国語のゼロ地点はここ……」と教科別の基礎学力を常に把握し、そこから積み上げていくという作業が男の子には必要です。

男の子の勉強は「短いスパン」でやるのが鉄則

男の子は目的と手段を取り違えて努力しがち

実は、男の子は**「ゴールのないマラソン」**が大好きで、目的を見極めずにムダな頑張りをしてしまうことがあります。目的と手段を取り違えてしまうのです。

「僕、昨日、漢字を３００個も書いたんだ」

「で、覚えたの？」

「ううん、とにかく書いた。３時間もかかった」

これなど、古いタイプのサラリーマンが、成果に関係なく「今月は○時間も残業した」と悦に入っているのと同じです。

しかしながら、今の子どもたちは忙しく、時間が圧倒的に不足しています。その中で効率的に学力を伸ばすには、本当に必要なことを学習させなければなりません。

たとえば、漢字のプリントが10枚あったとして、それを全部完璧にこなすことはできません。そこで「この前は5枚目と7枚目がとくにダメだったから、それを先に集中してやりなさい」と大人が指示してあげるようにします。

さもないと、彼らはいつも1枚目から始め、5枚目にいく前に時間がなくなったり、飽きてしまったりという結果になります。

子どもの学習には計画を立てる作業が必須ですが、男の子の場合、**そのスパンを短くして、**絶えずゼロ地点を把握しながら、**1〜2週間、あるいは2〜3日という単位で考えていく**といいでしょう。

計画術については、第4章で詳しく説明しますので、ここではまず**「男の子にはスパンの短いやり方が向いている」**ということを覚えておいてください。

「地頭の良さ」以上に学力を左右すること

学力が高い子どもに共通する「家庭力」の秘密

大切な基礎学力の中には、**「そもそも勉強する状況がつくられているのか」**ということも含まれます。

大手の学習塾でついていけずに移ってくる子どもが、ＶＡＭＯＳにはたくさんいます。彼らを見ていると、学力そのものがないのではなく、それ以前のところで躓《つまず》いているのがわかります。

たとえば、教材の整理の仕方を知らない子。毎回もらうプリントなどを整理できずに、勉強しようとしたときに、まずそのぐちゃぐちゃをどうにかするために時間がかかり、結果的にほかの子どもたちに置いて行かれてしまうのです。

また、椅子にちゃんと座れない子や、鉛筆を正しく持てない子もいます。

言ってみれば「しつけ」レベルのことが身についておらず、そのため勉強に集中できる状態になっていないのです。

とくに小学生の段階では、頭の良し悪しではなく、**家庭での過ごし方が学力に大きな影響を与えます。**私はそれを**「家庭力」**と呼んで、非常に重視しています。どこの塾に行くかということよりも、家庭でどう過ごしているかのほうがずっと大事なのです。

試しに、子どもにトイレ掃除をさせてみてください。その結果は、今の学力とかなりリンクしているはずです。

便座の表だけ拭いて終わりなのか。

便座を持ち上げて裏も拭いたのか。

便器の後ろや床まできれいにしたのか。

トイレという狭い空間で、どこまでその子の目が届いているかという注意力が如実に出ます。

こういうことを無視し、プリントの点数だけを見て心配していてもダメなのです。

「男の子はがむしゃらに頑張る」は思い込みにすぎない

今の子どもに合わせた知的なブレークスルーを

小学生の頃は、男の子よりも女の子のほうが成長が早く、精神的成熟度もまったく違います。授業の合間にトイレに行く様子を見ていても、女の子は1分1秒を大事にしようと小走りで移動するのに、男の子はちんたらちんたらしています。私が「急げ」と言っても、へらへらしています。

これが現実なので、どうか「男の子はがむしゃらに頑張るもの」という思い込みは捨ててください。

女の子よりも頑張れる男の子は、小学生の段階では、ほとんどいません。

20年前の男の子と今の男の子は、まったく別の生きものであるという認識が必要です。そして、それは彼らの責任ではなく、親も含めた社会がそうさせているのです。

大学入試に母親が一緒について行くなんて、昔は考えられませんでした。それを恥ずかしいと思わない草食系男子の、そのまた次の世代である今の男の子たちは、さらに弱くて当然です。

社会がすでにそうなっているのに、相変わらず「縦」の論理で過去の自分と比べている父親もいます。

そういう父親は、私に対しても「ウチの息子にはガツンとやってください」と言ってきます。それを言葉どおりに受け取って、その子を私が殴ったとしてもクレームをつけてこないでしょう。**でも、それはあくまで親のスタンスであり、子どもは違います。**

もっとも、弱くなったとはいえ、男の子はいずれ女の子よりも強くなります。草食系を装いながらも深いところでは肉食系です。しかし、その引き出し方は今の子どもに合わせて変えていかねばならないということです。

根性論は封印し、知的に上手にブレークスルーさせてあげましょう。

その後の人生の最大の資産となる「学習習慣」

勉強にも仕事にも役立つ「一生ものの力」

ＶＡＭＯＳで学んでいる子どもたちは、中学受験が終われば、まずは羽を伸ばします。男の子なら、だいたいがひたすらゲームに没頭します。あるいは野球やサッカーなど、勉強のために我慢していた分、思いっきり楽しもうとします。

一方で、勉強も手放すことはありません。今まで5時間勉強に費やしていたなら、3時間は好きな遊びにあてて、受験が終わっても2時間は勉強を続けます。つまり、彼らの中で、勉強することが当たり前の習慣になっていることがわかります。

幼い子どもに中学受験をさせることに対しては、みなさんの中でも賛否が分かれると思います。しかし、その後の学生生活や社会に出たあとの、勉強する習慣の大切さについて否定する方はいないでしょう。

こうして身につけた学習習慣は一生ものです。勉強するのは自然なことだと思えたら、大学受験も、就職してからの資格試験も、取り立てて大変なことではなくなります。

また、反復学習で基礎を身につける大切さが腹に落ちているので、スポーツの地味な練習も、働き始めたあとの度重なる忍耐もいとわなくなります。

ビジネスパーソンには、学ぶことの大切さを実感している人が多いのではないでしょうか。目の前の楽しみに流されず、毎日コツコツと学べる習慣こそ、頭の良し悪しを超えた、本物の実力となります。それは決して一朝一夕では身につきません。

学習習慣はその後の人生における最大の資産となり、社会をたくましく生き抜くための必須スキルとなるでしょう。それは、目先の受験テクニックだけに頼る非力な受験エリートとはまったく違うところです。

第1章

男の子を突き動かす不思議な7つの特徴

幼くも誇り高き小さな戦士たちの本能

男の子はとても複雑な生きもの。プライドが高く否定されると自信をなくすのに、失敗して痛い思いをしないとなかなか気づきません。いくつになっても幼さが残りますが、「自己肯定感」と「根拠なき自信」がつけば、向かうところ敵なし。そんな男の子の特性を知り、強みへと転換できれば、学力もぐんぐん伸びます。

1 否定や指示・命令に弱い

男の子は劣等感を抱くのが最大の恐怖

男性というのは、子どもであろうと大人であろうと、プライドが高い生きものです。母親からすれば、なぜそんなことにこだわるのか不思議に思えるかもしれません。

プライドとは、いわば**自分を守ろうとする本能**。自分が価値ある人間であることを相手に認めさせたいという表れです。

男の子だって「男だからしっかりしなくては」という強い思いを感じて生きています。それなのに、「なんであなたはできないの！」とか「男なのに！」と否定したりすれば、とたんに劣等感を抱いてしまいます。

男の子は鈍感な半面、傷つきやすいのです。

これは、強いオスが子孫繁栄の権利を持ち、弱いオスは消えていくという生物学的な進化と関係しているようです。

男の子は、**自分が劣っているのを認めるのが怖いと感じるようにできている**のです。だから、自分の弱さを隠そうとするし、できないことを正当化するので言い訳が多くなりがちです。

そんな男の子を否定するような言い回しは、できるだけ使わないようにしましょう。自己肯定感や自信をなくしてしまいます。それより、**良いところをいかに「認めて」あげるか**を考えてください。

また、誇り高い男の子に対して、あれこれと指示や命令をするのも、男の子の自尊心を傷つけ、逆に反抗心へと変えてしまう傾向があります。

とくに父親は、なにかにつけて仕事モードになり、あたかも部下に接するように子どもに物を言います。

もちろん、父親は「よかれと思って」それをやっています。いずれ社会に出て戦わなくてはいけない男の子に対して「強くあってほしい」と願うからこそ、「もっと頑張れるだろう」「自分でよく考えろ」などと言いがちです。

父親にそうどやされれば、男の子は「うん、わかった」と言うでしょう。その返事を聞いて、父親は「納得してくれた」と思うかもしれません。しかし、子どもは納得したのではなく、「お父さんに怒られないようにしよう」と考えて、そういう行動を取っているだけです。

男の子は自分の存在価値を否定するような物言いには、とても傷つきやすく、そうする相手には徐々に敵対心を持つようになります。プライドを傷つけるような言い方には注意してください。

小学生の男の子は、まだまだ甘えん坊です。しかし、その幼さこそが、あるとき大きな集中力を生み、ブレークスルーにつながります。

それまでは、上手く大人たちの手のひらの上で転がしてあげましょう。

2

自分で失敗しないとわからない

思いついたことはなんでもやり、リカバリーも早い

精神的な成長が早い女の子は、想像力や予見力を持っており、親に言われたことを理解できます。でも、男の子はそうではありません。自分で失敗するまで「この方法はダメなんだ」ということがわからないのです。だから、**男の子にはトライ&エラーをさせて、自分で納得してもらう必要があります。**

4年生のある男子児童は、算数の問題を解くのに「式を書いて考えなさい」と指導しても、一向にそれをしようとしませんでした。おそらく、面倒くさかったのでしょう。ところが、ある段階までできたときに、自己流ではまったく計算が合わずに大慌て。ようやく「やっぱり式って大事なんだ」と気づいたようです。それ以来、うるさく言わなくとも式を書いて考えるようになりました。

もう一人、やはり4年生の男子児童は、苦手な漢字の書き取り学習をどういう方法でや

るのがいいか、自分で決めたがりました。

お母さんと一緒にリビングで、自分の部屋に一人でこもって、学校の休み時間に友だちと一緒に……と、いくつかのアイデアを自ら出してきました。母親にしっかり見てもらうのがどう考えてもベストですが、私はあえてそれを指摘しませんでした。

彼は「学校の休み時間を使うのが合理的だ」などと、わかったようなことを言っていたものの、遊んでしまって全然できず、ようやく「母親に見てもらうのがいい」と納得できたようです。

このように、思いついたことはなんでもやりたいのが男の子です。だから、**親が「こうしなさい」と言うよりも、やらせて失敗させたほうがいいのです。男の子は失敗からのリカバリーが非常に早く、起き上がりこぼしのように復活しますから心配いりません。**

そういう意味でも、中学受験のための勉強はなるべく早くから始めたほうがいいでしょう。6年生からではトライ&エラーなどやっている余裕はありませんが、3～4年生ならばいろいろ試せます。

ある子は夕食前に勉強すると集中できるけれど、ある子は就寝前の30分がいいといった個別の特性も、トライ&エラーで見つけることができます。最適化のプロセスをたくさん試せたら、そのあとの学習が非常に密度の濃いものになっていきます。

3 自分の力でナントカしたい

「自分でやり遂げた」と実感できると男の子は成長する

大人の男性もそうですが、とくに小学生の男の子は**「なんでもやってみたい」生きものです。**しかも、「実際にそれは可能なのか」「その結果どうなるのか」ということを考えずにやろうとします。

とにかく、塾にも行きたいし、ゲームもしたいし、水泳も野球もサッカーもやりたいわけです。

そして、後先考えずごちゃごちゃいろいろやって、どれもこれも中途半端に終わるということを繰り返します。一口に言って、**とても要領が悪いのです。**

おそらく、親たちは「優先順位を考えなさい」「振り返って検証すれば、捨てるべきものがわかるだろう」などと、会社で口にしているようなことを言いたくなるでしょう。

しかし、こういうときの男の子には**「やり方」や「答え」は直接教えないほうがいい**のです。というのも、男の子は「教えられた」という事実は忘れてしまうので、「結局、どうしたから結果につながったのか」が腹に落ちず、成長につながりません。

男の子が大きく成長するのは、**「大変だったけれど自分でやり遂げた」と実感できたときです。**教えてしまうことは、その芽を摘んでしまうことにつながります。

この、「あれもこれもやりたい。でもなんの計画性もない」男の子の振る舞いは、とくに母親には理解できません。

しかし、ここでイライラしても始まりません。

我が子が落ち着きなく、深く考えもせずワケのわからないことをするのであれば、まずはなんでもやらせてみることです。やらせないでおいて「それは必要ない」と言っても、本人は納得しません。納得しなければ、そのテーマについてはいつまで経っても「やりたい」「できるはず」という思いが残ります。

予見力のない男の子の場合、想像してそのテーマに「できる・できない」の判断を下すことは難しく、トライ&エラーで検証していくしかありません。

その中で、**「自分で切り拓いてやり遂げた」**というものをつかませてあげましょう。

4 ご褒美・インセンティブで頑張れる

男の子は目に見えるご褒美でモチベーションが上がる

困難で面倒な仕事を片づけているとき、「これが終わったらビールが飲める」をモチベーションにしている人は多いでしょう。連日のハードワークで疲労困憊《こんぱい》なら、早く帰宅して眠ったほうがいいのに、飲みに行くという矛盾したことを私たちはやっています。

やはり、人はご褒美が大好きなのです。大人ですらこうなのだから、子どもがご褒美なしに頑張れるはずがありません。実際、教育経済学の研究では、動機づけにおけるご褒美（インセンティブ）の有効性が証明されています。

とくに、男の子は女の子よりも**目に見える形でのご褒美をほしがります。**ただ、それが大人から見ると**「どうでもいいもの」**であることが多いのです。

女の子なら、かわいい筆箱やシャープペンシルなど、誰が見ても「これはいいよね」と思えるものをほしがります。ただ、女の子の場合、「周囲に合わせて自分も持っていたい」と考えているケースもあり、本当にその子のほしいものではないかもしれません。

一方で、男の子は自分中心。「なんで、おまえ、そんな変なものがほしいの？」と言われることは平気なので、シールが入った10円のガムなど、大人が驚くようなものをリクエストしてきます。

自分の子どもにとってなにがご褒美のツボなのか。そこを把握していれば、上手にモチベーションをアップしていくことができるでしょう。

逆に、男の子がこういう無邪気な欲求を出さないようだとやっかいです。

「頑張って、このテストでいい点取ったらなにしたい？」と聞いたときに、「寝ていたい」と答える子がたまにいますが、彼らは非常にスイッチが入りにくいのです。

今、ビジネスの現場でも「出世したくない」「給料なんてほどほどでいい」という若者が増えていますが、それはまだ若くて健康だから言えること。ある程度は頑張っておかないと、後年苦労することは明らかでしょう。

日頃から家庭でも、「頑張ったら○○が手に入る」という習慣づけをしておくことは意味があります。そして、そのときに**「そんなつまらないもの」と決めつけない**ことが大事です。

5 とにかく競争好きでライバル意識が強い

男の子の最大の武器となる「根拠なき自信」を育てる

動物と同様に人間にも「自分たちの集団を守ろう」とする本能があります。そのときに、女性は愛情でそれを成し遂げようとしますが、男性はほかの集団との闘争を選ぶ傾向があります。この差は、分泌される脳内ホルモンによって決定づけられます。

小学生といえども、**男の子にはもともと「敵を倒したい」という欲求があります。**ゲームでも闘争ものが好きだし、漫画もスポーツなど戦うものが好きです。そして、そうしたものに触れることで「自分が勝つ」イメージを醸成させています。なぜか勝てることが大前提になっているのです。

この「根拠なき自信」が男の子の大きな特徴です。もちろん、いつまでも「根拠なし」では困るのであって、そこを上手に刺激して伸ばしていくことが必要です。

たとえば、漢字テストの成績が10人中7位であったとき。下位グループではありますが、もし前回が8位だったらそれは上がっていくプロセスですから「おまえ、1人抜いたじゃないか」と褒めていいのです。このとき、**敵を倒していくイメージが持てるように褒めてあげましょう。**

また、男の子は教科ごとの成績にバラつきが出がちですが、競争好きという特性を利用して苦手教科を伸ばしていくこともできます。得意な学科で「ライバルたちに勝っている」「上位にいる」ということを意識させてあげれば、「俺はすごい」という自信を持ち、なぜかほかの教科も伸びてくるということが男の子にはよくあります。

ただし、過度にならないように注意が必要。行きすぎたライバル意識を持つと、本来の自分のペースを崩してしまうからです。あくまで、その子のレベルに合わせて競争意欲を刺激してあげましょう。

もし、なかなかライバルに勝てない場合には、**まず自分との闘いに勝つことを教えてあげるといいでしょう。**

ビジネスパーソンも、同期にとても優秀な人がいたら出世競争を勝ち抜くのは難しいですね。でも、そのときに、「同期は給料が3倍になったかもしれないけれど、自分も1・5倍になった」なら喜んでいいわけです。

子どもが自己評価を下げないように戦わせましょう。

6

ハマりやすいが飽きっぽい

努力を強いず「ハマりポイント」に誘導する

「男の子は続かない」

世の中の母親たちから、耳にたこができるくらい聞かされる言葉です。

はっきり言ってそのとおりです。男の子は続きません。**彼らはなにかを好きになるのが早いけれど、飽きるのも早いのです。**

私も含めて父親たちも覚えがあると思うのですが、ウルトラマンに夢中になっていたと思ったら、次の日には仮面ライダーが最高にかっこいいと思っている……男とは、そういう生きものなんでしょう。

ただ、その幼さが時代とともにどんどん顕著になっていることは、私も感じています。今は、たとえ小学校5年生くらいであろうとも、幼稚園児と変わらないレベルです。だから、母親だけでなく父親も、男の子にイライラしてしまうわけです。

でも、これは変えようとしないで受け入れて育てていくしかありません。忘れないでほしいのは、男の子は飽きっぽいけれど**「ハマりやすい」**ということです。

もともと、男の子は自己表現が下手で「この勉強は飽きたからほかのがしたい」と言えません。ただ、足をバタバタさせたりよそ見をしたりと、集中できていないサインはすぐに出ます。

こういうときに、気づいた親の多くが「ほら、もっと集中しなさい」「あと1時間でいいから頑張りなさい」などと言います。

しかし、集中が切れた男の子にこれを望むのは無理です。

そこで、一回休憩を入れるとか、トイレに行くとか、教科を変えたりすることで再びハマり始めることがあります。

だから、**「続けなさい」と無理を言うのではなく、その「ハマりポイント」に誘導してあげることこそが必要なのです。**

考えてもみてください。10分間しか集中できなくたって、それを6セットやれば1時間です。細切れであってもハマった状態での合計1時間のほうが、だらだらと集中できないままに机に向かっている連続1時間よりもはるかに価値があります。

7 ちょっとした成功体験で一気に変わる

「できる」と実感させて自己肯定感を膨らませる

男の子の成長には「踊り場」があると私は考えています。

一方で、女の子は順調に一段ずつ階段を上っていきます。だから、小学校の前半は圧倒的に女の子のほうが高いところまで上っているのです。

踊り場でいつまでも足踏みしている男の子に「そんなことしていたらダメだ」と否定的な言葉を投げつけてはいけません。**踊り場での一見ムダな時間は、あとで大きな伸びしろとなる可能性があるからです。**

それに、まだ自己肯定感が醸成されていない幼い男の子に否定的な言葉を投げつけると、それだけで彼らは潰れてしまいます。

足踏みしているときには、**できることしかやらせないようにしましょう。**

1学年下の算数の問題でも、漢字の書き取りでもいいでしょう。どんな子にも、その子なりにできることはあるのでそこに着目し、繰り返しその問題を解かせます。

簡単なことをどんどんやらせて「できる」と実感させると、それが**「自分はほかのことでもできる」という根拠のない自信につながっていきます。**

同じ問題でも、「できる」と思って挑むのと、自信がないまま向かうのでは結果が違ってきます。とくに、受験本番のテストでは、緊張の中、どんな問題が出てくるかわかりません。それを見たとたんに「いつもできているからできる」と思えるようにしておくことは非常に大事です。

灘や開成といった難関校出身者が東大に合格しやすいのは、勉強ができるからということのほかに、「俺は東大に行けると思う。だって、これまでもクリアできているんだから」というメンタルの要素も大きいはずです。でも、これも根拠などないのです。

いろいろ成功体験を積ませ、そこから自己肯定感を膨らませてあげましょう。

勉強に限らず、鉄棒や跳び箱、縄跳びでもいいでしょう。

これまでできなかった逆上がりができた。

5段しか飛べなかった跳び箱で8段がクリアできた。

そういった成功体験を手にしたときに、「だったら、なんでもできる」という気にさせてあげると、男の子は面白いように伸びます。

第2章

男の子の「学力」を伸ばす5つの絶対原則

どんな子にも共通する「成績アップ」のメカニズム

学力を伸ばすには、まず「わかる」仕組みの理解が必要です。学習には必ずステップがあり、突然「わかる」ことはあり得ません。子どもの現在地を正しく把握しながら、どのように点と点をつなげて線にしていくか。本章では、その学力アップの秘密を公開します。

原則
1

学力は必ず「段階的に」アップする

10歳～13歳の過ごし方で学力が決まる

●学力の伸ばし方には順番がある

――段階を踏んで伸びる3ステップの「お風呂理論」

子どもの学力は、大きく3つの段階を踏んで伸びていきます。私はそれをお風呂にたとえて説明しています。名づけて**「お風呂理論」**です。

最初は「浴槽をつくる」段階。

快適なお風呂にしたければ、なによりもまず立派な浴槽が必要です。浴槽はできる限り大きくしたいけれど、かといって穴やひび割れがあっては困りますね。

この段階は、瑕疵《かし》がないように気を配りながら、子どもの学力の基礎をしっかり固める**「土台期」**です。

次に「水を張る」段階。

しっかりした浴槽ができたら、そこに水を注いでいきます。大きな浴槽であるほどたくさん水は入りますが、半分くらいで水が止まってしまうこともあります。

この段階は、子どもにいろいろな情報を入れる「**知識期**」に当たります。

最後が「小物を揃える」段階。

お風呂は、ただ湯船に浸かるだけでなく、体の汚れを取ってスッキリするための場所です。そのために、タオルやボディソープなどを揃えていきます。

この段階は、子どもの学力で言えば、「**仕上げ期**」です。

これらの順番をしっかり守り、すべての段階において手を抜かないことが求められます。

とくに土台期では、徹底したつくり込みと品質チェックが必要です。いくら、きれいな水をたくさん注いでも、いいボディソープを買ってきても、そもそも浴槽が壊れていたらお風呂には入れません。

しかし、そこを軽視して、ひたすら大量の水を注ぎ込んだり、いきなり小物から揃えようとしたりしてしまう親が多いのです。 水や小物は、お金をかければいくらでも用意できるからです。

子どもが伸び悩んでいたら、水や小物ではなく、一度、浴槽をチェックする必要があります。そして、不具合が見つかったらその立て直しから始めたほうが、結局はいい結果に結びつきます。

●なぜ「土台期」が最も重要なのか？
――基本問題を〝速く正確に〟解ける大きなメリット

「浴槽をつくる」作業とは、算数なら足し算、引き算、掛け算、割り算などの計算の数をこなすような学習に代表されます。

たとえば、「5＋8」の答えが「13」だというのは、基礎学習を積んだ子どもたちならば1秒もかからずに出てきます。

しかし、学習を始めたばかりの子どもたちの場合、5秒くらいかかることがあります。その差は4秒ですが、これが4桁の足し算になれば、1桁ごとに4秒の差が出て、最終的に16秒の違いとなります。たった1問を解くのに16秒も引き離されたら、まったく勝負になりません。

正答率についても、100％合っている子どもと、80％合っている子どもでは、いくつもの問題を重ねるうちにどんどん差が開いていきます。

つまり、こうした基本的な計算や、漢字問題、暗記事項などをいかに速く正答率高く解

けるようになるかというのは非常に大事なテーマであり、それをしっかりやるのが「浴槽をつくる」時期なのです。

あるいは、**集中力をつけるということも、この時期の大事な作業です。**最初から1時間集中するというのではなく、3分、5分、10分と少しずつ集中できる時間を延ばしていきます。

この土台期は男の子と女の子では少しずれていて、男の子の場合、**「0歳〜10歳」**と私は考えています。男の子は、幼稚園の年長組も小学校4〜5年生も精神年齢がたいして変わらないと思うからです。

10歳〜13歳の「詰め込み学習」が学力差を生む

——大学受験の結果は中2までで決まる

実際にできあがった浴槽の大きさには、子どもによって個人差があります。

しかし、穴やひびがなくしっかりつくってあれば、ちゃんと水は入ります。水をがんがん注いでいくのに適した時期が、**だいたい10歳〜13歳の間です。**

今の時代、学習塾や参考書、ネット授業など教材は溢れているので、入れるべきものはいくらでも容易に得られます。

この「知識期」に、公式を1つでも多く理解したり、国語の読解問題を解いたり、言ってみれば**「詰め込み学習」を徹底的にやると、子どもの学力が一気に伸びます。**

ただ、その伸びが10歳や11歳でくるのか、13歳になってしまうのかといったタイミングの違いがあり、それが前述した「10歳の壁」となって現れます。

もちろん、中学受験をする場合、13歳では遅すぎます。なんとか10歳〜11歳にブレークスルーさせたいところです。

中学受験をしないなら、まだ間に合いますが、それでもやはり13歳が限度でしょう。

ある有名進学校の教師は、**「大学受験の結果は中2までで決まってしまう」**と指摘しています。**立派な浴槽にしっかり水を注ぎ込むのは、せいぜい13歳まで。**そこまでの作業によって、その子の学力のかなりの部分が決定されるというのです。

お風呂をより快適にするために小物類を揃える「仕上げ期」は、**14歳〜18歳**と私は考えていますが、14歳になると、もう分岐点をすぎてしまっています。タオルやボディソープをいろいろ買い換えることはできても、「どんなお風呂か」はすでに決まっているわけです。もし、中学受験をしてそれに失敗したとしても、最終的には希望する大学に合格すればいいのですが、それも「高校で頑張ろう」では遅いということです。

原則2

「わかる」とは点を増やしてつなげること

学力が伸びるとき、なにが起きているのか？

●「わかる」はセンスではなくロジック

――理解のブラックボックスを「可視化」する

子どもたちの成績は、偶然伸びるわけではありません。メカニズムにしたがって伸びていきます。あるいは、「メカニズムにしたがってわかるようになる」と言い換えてもいいかもしれません。そのメカニズムを無視して、いくら「頑張れよ」とハッパをかけてもダメなのです。

多くの人は、わかるというのは、生まれ持った頭の良さやセンスが大きく関係していると思いがちです。

だから、センスを磨けるようなトレーニングを期待します。難しい問題があれば、それを解くコツのようなものを知りたがるし、センスのいい考え方を学びたがります。そのトレーニングによって、頭がどんどん良くなるイメージを持つのです。

しかし、わかるというのは、秘密のノウハウを使ったり、これまで思いつきもしなかった問題の解き方を発見したりして、突然理解できるということではないのです。

わかるプロセスは、実際のところ、ジャンプすることではなく、もっとずっと地道な作業の繰り返しです。

しかしこれは、逆に言えば、地道に繰り返していけば、誰でも「わかる」にたどり着くことができるという意味です。わかるは、センスより、ロジックなのです。

学力を伸ばすには、気合いや根性ではなく、あるいは特別な法則を求めるのでもなく、わかるというブラックボックスを可視化し、その論理を理解していくことが大切です。

もちろん一方で、子どもの才能やセンスに違いがあることは紛れもない事実です。実際の中学受験の問題でも、天才型の子どもにとって有利なものが多く出ます。とくに有名男子校では、才能やセンスのある子を求めており、その傾向が強くなります。

しかし、センスや才能に恵まれた天才など、ほぼいません。ほとんどの子どもは、センスや才能のことなど考える必要はないのです。

●まずは「基礎知識」をどんどん増やす
——点が増えると「わかる」を引き出すネットワークが強化される

私は、なによりも「基礎」を重視しています。

とくに、浴槽をつくる土台期の子どもたちには、「これでもか、これでもか」というくらいに基礎学習を繰り返させます。

算数の計算問題や、国語の漢字、社会や理科の暗記項目なども、できるまで何度でもやらせ、とくに、中学受験を目指している子どもたちには徹底させます。

もちろん、中学入試で出される問題は、基礎だけで解けるものは多くありません。しかし、基礎がなければ解けない問題ばかりです。

では、基礎だけで解けない問題はどうやって解いていくのでしょうか。多くの親は「そのためには応用力が必要だ」と考えるのですが、**実は、基礎をつなげることで解いていくのです。それが「わかる」ということです。**

たとえば、「江戸幕府ができたのは1603年」「アメリカ合衆国の首都はワシントンD.C.」「三重県の県庁所在地は津」などと、個別に覚えていくのが基礎です。つまり、基礎学習は、1つひとつを「点」として覚えていく作業です。

こうした基礎の点がいくつもあって、その点同士が有機的につながっていくことで、いろいろなことがわかってくるわけです。そのときに、**点がたくさんあるほうが、「わかる」を引き出すネットワークがより高度に構築される**ことは言うまでもありません。だから、基礎はいくらやってもムダではないのです。

ところが、現代社会では、この**「点を増やす作業」**が軽視されています。

たとえば、中学校の英語の授業では、今は英単語を暗記することよりも、耳で聞いたり話したりということを優先します。しかし、実際に英語ができる人は、たくさんの英単語が頭の中に入っており、それを有機的に結びつけているわけです。そもそも、英単語をあまり知らなくて、英語ができるはずがありません。

また、「考えることが大事だ」という風潮も影響しています。

東大の試験問題は「知識量ではなく考える力を問われる」というようなことがよくいわれますが、それは考えるための素材を持っていることが大前提です。VAMOSにも東大を出た講師がたくさんいますが、彼らはセンター試験の点数もトップクラス。基礎ができていることなど当たり前なのです。

ビジネスパーソンでも、いろいろ知っている人よりも、いいアイデアが出せる人こそ価値があると思われています。しかし、考える材料を持っていない人がどうやってアイデアを出すのでしょうか。

大事なのは「点」を増やすことです。

●考える力は「つなげる力」である

——家庭でできる「基礎」同士をつなげる勉強法

基礎学習で学んだ点を有機的につなげ、「わかる」に持っていくために、家庭でできる方法があります。

A3くらいの大きな紙に、たくさんの点の要素を書いておき、それを子どもにつなげてもらうのです。そのときに、**「どうしてつながったのか」「そこでどういうことが起きているのか」**といったことを子どもたちの言葉で説明させます。

どんな点の要素を書いておくかについては、まったくアトランダムでかまいません。新聞や雑誌、子どもの教科書、地図帳などから選んでみましょう。

あるいは、まず1つの要素を紙の真ん中に書き、そこからマインドマップのように点をつないで伸ばしていくという作業も有効です。たとえば、真ん中に「ドナルド・トランプ」と書いてあったら、そこから「イバンカ」「クシュナー」と伸びていく線があったり、「会談」「北朝鮮」「シンガポール」などという線があったりでいいわけです。

図表1｜点がつながってくるといろいろなことがわかるようになる!

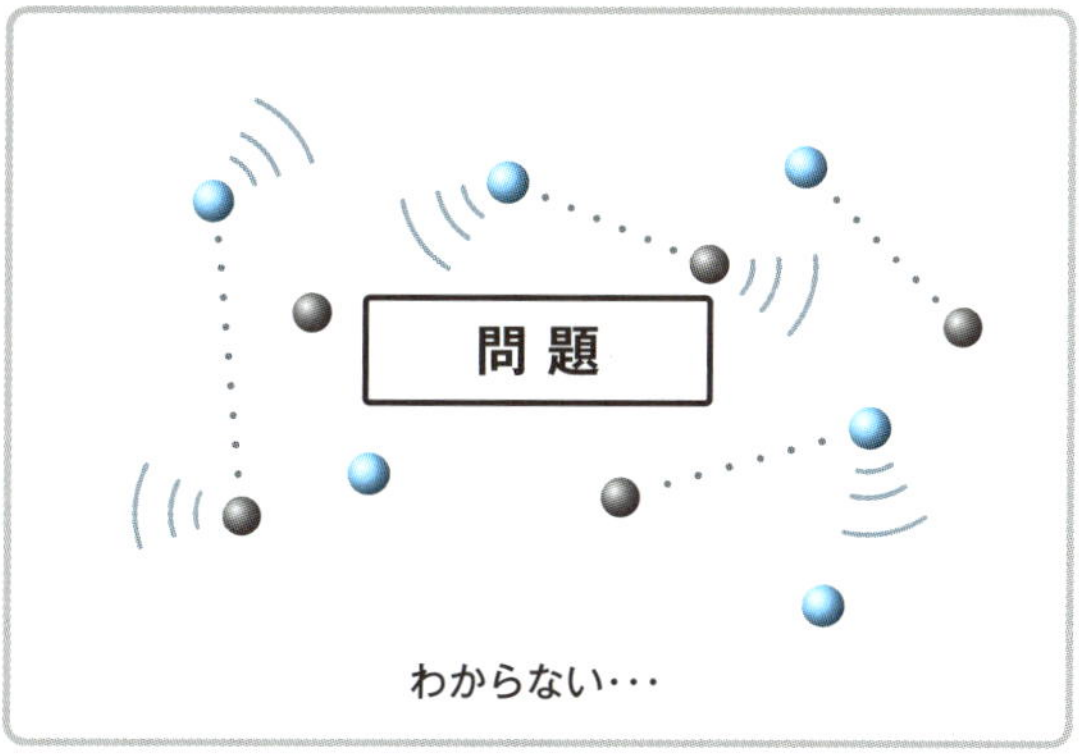

点を増やして、有機的につなげると

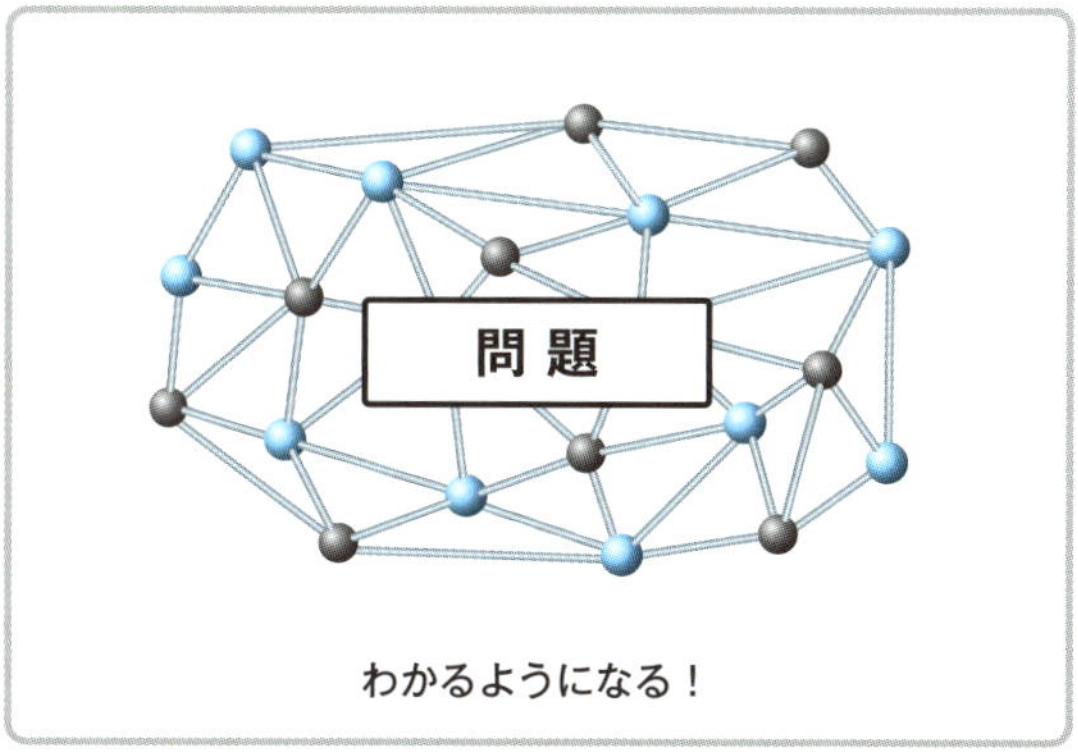

子どもたちは、暗記は得意でも、こうした「つなげる」作業は苦手です。おそらく日本の学校教育制度に問題があるのですが、たとえば社会では「日本史」「世界史」「地理」と分けてしまった時点で横のつながりがなくなってしまいます。

子どもたちは、そういう学習に慣れてしまっているため、せっかく自分が覚えている事柄同士を有機的につなげることを思いつかないのです。家庭でそれをやって、子どもたちの「つなげる力」を目覚めさせてあげましょう。

●「つなげる力」を求める入試問題が増えている
——灘中学校もほしがる、基礎知識を有機的に結びつけられる頭脳

中学入試では、有名校になるほど個別に暗記した知識だけでは対応できない問題が増えていきます。しかも、その切り口は多様化しており、ある中学校では、社会で「日本国憲法第9条を変えるべきか否か」について述べさせる問題が出ました。

このときに、単純に今の憲法第9条を覚えていたのではダメで、自衛隊の成り立ちや実態、過去にあった戦争や原爆の被害、現在の世界情勢やテロの問題など、**多くの材料を基礎として持ち、それを有機的につなげて掘り下げる能力**が求められます。

理科では、灘中学校で、「初日の出を2回見る方法」に関する問題が出ました。この問

図表2｜家庭でできる子どもの「つなげる力」を伸ばす勉強法

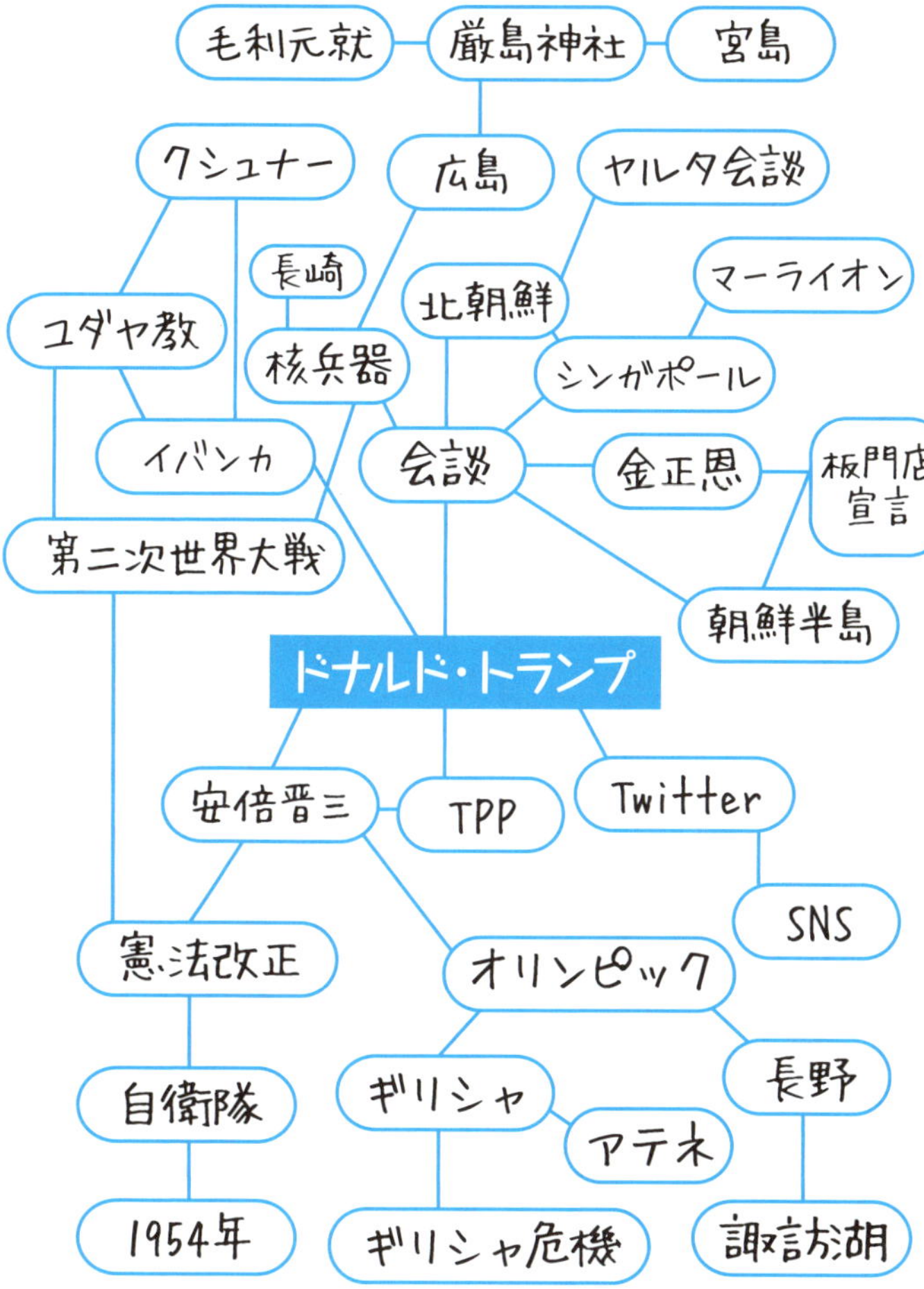

題を解くには、太陽が昇っていく地軸や時間の考え方といった複数の要素を掛け合わせていく必要があります。これもまた、点の基礎知識を有機的に結びつけることが求められています。

また、点を線でつなげたときに、２つ先、３つ先の答えが求められるケースもあります。以前だったら「１９４５年8月6日に原子爆弾が投下された都市はどこか」という問いに「広島」とストレートに答えれば良かったのが、オバマ大統領のノーベル平和賞受賞の理由からだんだんとつなげていって広島に行き着くというような「迂回した」問題が出されるようになっています。

さらには、完全なオープンクエッションも出ます。

「教皇フランシスコは、今の世界に必要なのは壁ではなく橋だと述べています。あなたにとって橋とはなんですか？」

ここで「橋は川を渡るときに使うものです」と答えたのでは話になりません。模範的な解答としては、ベルリンの壁や嘆きの壁など世界を分断している壁について述べ、その上で、橋が連携や平和の象徴であるという結論に持っていく必要があります。そのためには、東西冷戦や宗教戦争、世界を分断している問題について知っていることが不可欠です。

一見、難しそうに見えるこうした問題も、**1つひとつの要素に分解していけば必ず解くことができるものです。**ビジネスで起きるトラブルも、結局その問題の原因を分解していけば解決できるのであって、なにかトリッキーなことをするわけではありません。

分解したときの基礎的な知識をいかに持っているかが重要なだけ。子どもの学習もそれと同じです。

原則3 基礎の習得には「反復」が欠かせない

どの教科にも必ず覚えるべき「九九」がある

●指導者がこっそり見ている秘密の指標とは
――「偏差値の伸び＝学力の伸び」ではない

親が子どもの学力の伸びを見る指標に「偏差値」があります。中学受験のための模擬試験を受ければ、たとえ小学生でも立派に偏差値がはじき出されます。

ところが、そのもとになるテストは、公立の小学校で学ぶ内容では解けない問題が多く、最初のうちはとんでもなく低い数値になることもしばしばです。

29だの33だのという、考えられないような低い偏差値を見て、「ウチの子はとんでもない大バカだ」とショックを受けてしまう親が多いのです。

そして、この偏差値が伸びなければ「今の勉強の効果が出ていない」「塾が合っていない」と間違った判断をします。

しかし、そもそも偏差値が伸びていることイコールその子の学力が伸びていることではありません。偏差値は相対的なものなので、自分の子どもが大きく伸びているのに、周囲が頑張っているために、それがなかなか偏差値に表れないということはよくあります。逆に、分母のレベルが低い模擬試験を受ければ、偏差値は高く出ます。だから、「偏差値を伸ばす」ということには、たいした意味はないのです。

それよりも重要なのは学力を伸ばすこと。**偏差値が伸びていなくても、学力が伸びている子はたくさんいます。**

偏差値や成績はその子個人の絶対的なものではないため、急に跳ね上がったり、頑張っているのに伸びなかったりと、ある意味おかしな動きをすることがあります。

しかし、学力は「やっただけ」伸びます。だから、私は偏差値ではなく学力を信じているのです。

私が指標にしているのは、その子が「前に教えた内容ができているかどうか」です。先週教えた内容が今週はできているかどうか。

先週覚えたものは今週身につき、今週覚えたものは来週身につきというように、小さなステップを踏みながら確実に段階的にアップしていけば、その子は志望校に合格することができます。

こうしてステップを踏んでいったものは、簡単に忘れ去られることはなく、積み上がっていきます。相対的な偏差値に一喜一憂することなく、子どもの「絶対的学力」を伸ばすことを考えてください。

●どの教科にも算数の「九九」のような基礎がある

——国語・理科・社会も基礎を飛ばした成績アップはあり得ない

VAMOSでは、まずは基礎の重要性を子どもたちに徹底して理解させ、ステップを踏みながらレベルを少しずつ上げていきます。それによって、確実に、足腰の強い学力が身につきます。

親はどうしても「急に成績をアップさせてくれる魔法のようなもの」を塾に求めます。しかし、そんなものはありませんし、本当に成績をアップしたいなら、**基礎の徹底は絶対に外すことができません。基礎を飛ばした成績アップなどあり得ません。**

算数の問題を解く上で、絶対に必要な基礎として「九九」があります。たとえば、「8×9」が72であるということを瞬時に思い起こせなくては、どのような問題もとうてい時間内に解くことはできません。

この九九のような、**絶対に身につけておかなければならない基礎事項が、算数以外の教科にも存在します。**

たとえば、社会なら、都道府県とその県庁所在地を全部、漢字で覚えること。

私が子どもの頃は、小学校でそれを身につけさせられました。ところが、今は中学校ですら、自分たちの住んでいる地域について学ぶことに重きを置いています。だから、大人になっても自分が育った地域以外の都道府県や県庁所在地を書けない人が多いのです。

しかしながら、中学受験をするならば、これはマストな基礎として覚えておく必要があります。

同様に、こういうものが理科にも国語にも存在します。

●その子のレベルに合わせた「現在地」で反復練習させる

——焦らずまわりの学習ペースに合わせないのが大切

基礎の習得には**反復練習**が欠かせません。

野球なら、最初はキャッチボールや素振りの反復練習、次にはノックや打撃の反復練習というように、少しずつやることのレベルを上げていきながら、しっかりした基礎を身につけさせます。

同様にＶＡＭＯＳでも、基礎の反復学習を、その子のレベルに応じてやっていきます。**このときに、レベルのステップが細かく分解されていると「自分はどこから反復練習をすべきか」という「現在地」がよくわかります。**

左ページにあるのは、ＶＡＭＯＳで用いている「計算の64ステップ」です。

見ていただくとわかるように、掛け算だけでも6段階に分かれています。

たとえば、「23×7」「47×6」といった2桁×1桁の掛け算が素早く解けない子に、2桁×2桁をやらせたら、なおのこと長い時間がかかります。もちろん、正答率も低くなります。

こういうときに、「みんなが2桁×2桁に進んだんだから」と無理にやらせるのは得策ではありません。とにかく2桁×1桁の掛け算を徹底して反復し、身につけさせて、それから次へと進むほうが結果的に学力はアップします。

男の子は競争が好きですから、こうした反復学習でも「○○君より速く解けた」「○○さんより正解が多かった」ということがモチベーションになります。

図表3｜子どもの現在地がわかる「計算の64ステップ」

step	内容
1	足し算(＋1 ～＋5)
2	足し算(＋6 ～＋9)
3	足し算(10いくつ＋1桁)
4	引き算(1桁−1桁)
5	引き算(10いくつ−1桁)
6	足し算(繰り上がりがある2桁＋2桁)
7	足し算(3桁＋1、2桁)
8	足し算(3桁＋3桁)
9	引き算(2桁−2桁)
10	引き算(3桁−1, 2, 3桁) 足し算引き算総チェック
11	掛け算(1の段～ 5の段)
12	掛け算(6の段～ 9の段)
13	掛け算(2桁×1桁)
14	掛け算(3桁×1桁)
15	掛け算(2桁×2桁)
16	掛け算(3桁×2桁)
17	割り算(2桁÷1桁　あまりなし)
18	割り算(2桁÷1桁　あまりあり)
19	割り算(2桁÷2桁)
20	割り算(3桁÷2桁) 掛け算割り算総チェック
21	小数とは
22	小数の足し算
23	小数の引き算
24	小数の掛け算(整数×小数)
25	小数の掛け算(小数×小数)
26	小数の割り算(小数÷整数)
27	小数の割り算(小数÷整数　あまりなし)
28	小数の割り算(小数÷整数　あまりあり)
29	小数の割り算(小数÷小数　あまりなし)
30	小数の割り算(小数÷小数　あまりあり) 小数の計算総チェック
31	仮分数、帯分数の変換
32	約分

step	内容
33	分数の足し算・引き算(分母が揃っている計算)
34	分数の足し算・引き算(片方に揃えて通分する計算)
35	分数の足し算・引き算(最小公倍数で通分する計算)
36	分数の引き算(繰り下がりが必要な計算)
37	分数の掛け算
38	分数の割り算
39	小数、分数の変換
40	小数と分数の混合計算 分数の計算総チェック
41	整数の四則演算
42	小数の四則演算
43	分数の四則演算
44	かっこがある整数の四則演算
45	かっこがある小数の四則演算
46	かっこがある分数の四則演算
47	整数、小数、分数の四則演算
48	かっこがある整数、小数、分数の四則演算
49	計算の工夫(計算の順番)
50	計算の工夫(分配、結合法則の利用)
51	計算の工夫(部分分数分解) 総合計算演習
52	逆算(足し算・引き算のみ、2項のみ)
53	逆算(足し算・引き算のみ、3項以上)
54	逆算(掛け算・割り算のみ、2項のみ)
55	逆算(掛け算・割り算のみ、3項以上)
56	逆算(四則混合)
57	逆算(かっこを含む)
58	逆算(小数、2項のみ)
59	逆算(小数、3項以上)
60	逆算(小数、かっこを含む)
61	逆算(分数、2項のみ)
62	逆算(分数、3項以上)
63	逆算(分数、かっこを含む)
64	逆算(整数、小数、分数混合) 逆算総合演習

●暗記できないのは、手法が合っていないから

――子どもに一番合った「暗記スタイル」を一緒に探す

基礎の習得には反復学習しかありませんが、それによる伸び率は子どもによって違います。同じように毎日2時間かけても、ぐんと伸びる子となかなか伸びない子がいます。

その差について、「持って生まれた能力の差だ」と決めつけるのは早計で、なかなか伸びない子は、**トレーニングの手法が合っていない**ケースが多いのです。

たとえば、暗記の方法。基礎学習に欠かせない暗記の方法は1つではなく、**「読む」「書く」「聞く」「見る」「話す」**が考えられます。「見る」では、教科書や参考書だけでなく、スマホのアプリなども使えるでしょう。「聞く」や「話す」は、親が一緒に勉強してあげるときのいい方法です。

どれが得意かは子どもによって違い、実際に生徒たちを見ていても、書いて覚える子も、言葉に出して覚える子も、じっと文字を眺めて覚える子もいて、一概に「この方法がいい」とは言えません。これも、トライ&エラーで**その子に合った方法を見つけていくのが一番です。**

もちろん、どれか1つに絞る必要などありません。「書く」が好きな子であっても、そ

の日の気分によって「読む」を増やしたり、「聞く」を交ぜたりして少しでも効率的に覚えていけばいいのです。飽きっぽい子どもや集中力が続かない子どもには、親があれこれパターンを変えてあげる工夫も必要です。

このときに大事なのは、**子どもの自主性を尊重してあげること。**子どもが少しでも楽しい気分で取り組めるような状況をつくってあげましょう。

原則
4

成績アップのカギは「ルーティーン化」

男の子の「やる気スイッチ」は結局見つからない

●毎日を細かくルーティーン化する
――成績のいい子の共通点は「気分に左右されない」こと

成績のいい男の子は、決まって**自己管理能力が高い**ものです。それはすなわち「ちゃんと勉強するか否か」に直結する能力だからです。

男の子はとにかく、そのときの気分で動きます。

なんらかの理由でモチベーションが高まっていれば親が驚くほど勉強しますが、一方で、気分が乗らなければすぐにさぼります。

友だちと野球をすれば、それに夢中になって勉強などそっちのけになってしまうといった傾向が、とくに小学生の男の子には強いのです。

しかし、段階的に確実に学力をアップさせていかなければならないときに、このように、先の読めないことをやっているわけにはいきません。男の子には、勉強をいかに**「勢いやノリでやらせないか」**が重要になります。

そのためには、「究極のルーティーン」を組ませることです。

勉強する時間帯はもちろん、ベッドに入る時間、食事時間にいたるまでルーティーンにして習慣化させましょう。

VAMOSに通う子どもたちの例で言えば、授業開始時間の午後5時になったら最初に計算問題を10分ほど解かせます。簡単なものから入って、だんだんと集中モードに換え、難しい問題へと移行していきます。これはもう「決まり」であり、毎日同じようにやってもらいます。

家庭での学習も同様のルーティーンを組むことで、気分に左右されない学習習慣が身につきます。まずは親がそれをつくってあげることで、だんだんと自分で管理できるようになっていきます。

●決めたルーティーンは必ず守らせる

――男の子はやらずに済む「言い訳」を探している

究極のルーティーンは、どんな状況であっても崩さないようにします。やると決めた時間帯には、なにがあっても勉強してもらいます。

私が男の子たちに求めているのは、あくまで「なにをどれだけ勉強するか」であって、その環境については言い訳させません。

とくに男の子は、勉強をやりたくないときに、すぐに環境を持ち出します。

「机が汚い」

「お母さんが掃除をしていて落ち着かない」

「弟がうるさい」

「鉛筆が削れてない」

「電球が切れたから暗い」

これでもかというくらいに理由を見つけてきます。彼らの言うことをそのとおりに聞いていたら、勉強できる場などなくなってしまいます。

男の子には、ルーティーンで決めたなら、机がなければ床であってもやらせるようにし

ます。電車の中だろうが、お客さんがきていようが、お腹が痛くてトイレに駆け込んでいようが、そこでやらせてください。

「そんなにキツキツに決めたら、子どもが大変では？」と、我が子を愛する親が案じるのは当然ですが、小学生の男の子のルーティーンなど、そのくらいやらないとすぐにほころびが出てしまうのです。

●男の子の「やる気スイッチ」は、ない

――「習慣化」すればやる気は関係なくなる

「親がうるさく管理しなくても、自分でやる気になってくれないかしら」

男の子の親、とくに母親の共通した願いです。

母親たちは一生懸命、我が子の「やる気スイッチ」を探していますが、見つけることができないようです。**なぜ見つからないかといったら、「ない」からです。**

ときどき、非常にまれな確率でそれを持っている男の子がいます。でも、自分の子どもにそれを探していたら時間ばかりロスしてしまいます。

VAMOSでも、やる気スイッチを持った男の子などほぼゼロです。しかし、やる気スイッチのない子もちゃんと志望中学に合格します。実際に、「ウチの子は最後までやる気

にならなかったけれど、受かりました」という、妙な安堵の声が親御さんからたくさん寄せられます。

これは、**勉強をルーティーン化し、生活の一部にしてしまったからです。**

寝るときはパジャマに着替えるとか、朝起きたら顔を洗うとか、食後に歯磨きをするといったことも、最初は親がいちいち言わなければできなかったはずです。でも、何度も言ってやらせているうちに、自ら行う習慣となったでしょう。

「○時になったら勉強を始める」ということを歯磨きと同じような習慣にしてしまえば、子どもはそれを苦に感じることなくこなせるようになります。そうすれば、やる気になどなってもらわなくても大丈夫なのです。

ビジネスでも思い当たることがありませんか？

あなたや、あなたの部下にやる気スイッチなんてあるのでしょうか？

朝起きて、身支度して会社に行き、メールをチェックして得意先をまわる。それは習慣として行っているのであって、やる気スイッチが入ったからではないでしょう。でも、得意先から注文が取れたらそれでいいではありませんか。

やる気の度合いを問題にすると、気合いや根性などの精神論に陥ります。しかし、大切なことは仕事と同じで、結果なのです。

原則 5

男の子の「脳力の偏り」を活かす

誇り高き戦士にとってアンバランスこそ武器である

●男の子の脳はアンバランス
——苦手教科より、好きな理科や算数を伸ばしてあげる

前述したように、右脳は空間能力を、左脳は言語能力を司っています。

女の子は、この2つがバランス良く成長していくのに対し、男の子は先に右脳ばかりが発達し、左脳の成長が遅れます。

右脳の発達にはテストステロンというホルモンが関わっており、男の子にはこのホルモンが多いため、左脳の発達が遅れるのだと考えられます。

そのため、算数やパズルのような遊びは大好きなのに、国語は極端にダメな男の子が多いのです。

だから、中学受験では、**男の子は国語が苦手で当たり前であり、好きな算数や理科をどんどん伸ばしていくことが大切です。**小学生の男の子に嫌いなことを無理にやらせようとするのは得策ではありません。

ただし、今はどこの中学も入試問題の文章が非常に長くなる傾向にあり、それを読み解ける能力は必要です。

西欧では、いじめなどと関係なく、授業についていけないことが理由で学校を辞めていく子どもの9割近くが男の子だと言われています。

男の子は極端に走るのです。それだけ、女の子と比べて脳のバランスも取れていないということなのでしょう。

また、右脳と左脳をつなぐ脳梁が女の子より細いので、その連絡が上手くいかないのも男の子の脳の特徴です。そのため、いろいろなことが同時にできる女の子に対し、**男の子は1つのことにしか集中できません。**

男の子に一度に多くのことを望むのは、やめておいたほうがいいのです。

●苦手教科の克服は親の自己満足
——男の子の「わかったふり」に要注意

大人でも、得意不得意はありますが、子どものそれは大人よりもずっと激しく、しかも、嫌いなものに対する吸収力は極端に低くなります。とくに、男の子はそれが顕著ですから、不得意なものを無理にやらせようとすると、「頑張ったわりには得るものがとても少ない」という状態になります。

もっとも、苦手な教科があれば早く克服させたいと思うのは、親として当然のことです。だからつい、子どもの苦手教科について、「まず、これから片づけろ」「お父さんが教えてやろう」と積極的に取り組ませようとします。

でも、男の子の場合、それは親の自己満足で終わってしまう可能性が大です。女の子は、わからないことは「わからない」と言いますが、**男の子はわからないまま「ふんふん」と聞いたふりをして、頭の中ではほかのことを考えているからです。**

VAMOSでも、試しに東大の数学を子どもたちに説明してみると、「なにそれ、全然わからない」と正直に言うのは女の子で、男の子は平気で「おう、おう、わかった」と言います。

こうした男の子に対し、「わからないことをせっせと教える」のは、親にとっても子どもにとっても非常に不毛な作業と言えます。

●男の子は優位に立つための競争が好き
――あえてやらせてトライ&エラーから学ばせる

生後間もない赤ん坊について調べた研究から、男の子と女の子では「目で追う対象」に違いがあることがわかっています。

女の子が「人」に関心を示すのに対し、男の子は「モノ」を追います。

おそらく、私たちの遠い祖先の生活様式に、その理由があるのではないかと思います。文明社会を迎える前の人類は、狩猟と採集で暮らしていました。男たちが狩りに出かけている間に、女たちは木の実などを集め、かつ子育てをしながら集落を守っていました。

女の子が生まれながらにして人に興味を持つのは、集落を守るには人々とのコミュニケーションが不可欠だったからでしょう。

対して、男の子は、生まれながらにしてモノが好きなのです。

そして、モノを得るためには、他人より優位に立ちたいと考えます。

また、女の子のように人との調和を重んじないので、なんでも一人で決めたがります。

これが、大半の男の子に共通して見られる特徴です。

男の子は、優位に立つための戦いが好きで、そのために一人で決めた戦略が間違っていて失敗してもめげません。だから、適宜、自分で決めたことをやらせてあげましょう。

むしろ「その戦略はおかしい」ということに気づかせる必要があるので、積極的にトライ&エラーをさせていいのです。

ただし、おかしな学習計画などを立てて、受験までの限られた時間をムダに過ごすわけにはいきません。必要な部分は親がフォローするという前提があっての話です。

●男の子には整理整頓を要求しない

――頭の中はごちゃごちゃ、持ちものが汚いのは当たり前

私は、VAMOSの子どもたちの持ちものに、さりげなく目を光らせるようにしています。といっても、それはあくまで女の子が対象。実は、女の子の場合、キャラクターつきの文房具などを、あまりにもきれいに揃えているときには、勉強に集中できていないケースが多いからです。

一方で、男の子の持ちものは細かくチェックしません。するまでもなく、どうなっているかが明らかだからです。

なんでしたら、男の子をお持ちの親御さんは、いったん本書を閉じて、我が子の鞄の中を見てきてください。ため息しか出ないはずです。

男の子の鞄の中はごちゃごちゃです。彼らは、鞄の中身同様、頭の中もごちゃごちゃになっていて、なにをどう準備すればいいのかわかりません。そのため、必要ではないものも詰め込んでいます。それをかきまわして出したりしまったりしているのですから、とんでもないことになって当然なのです。

もし、持ちものの整理ができていたとすれば、その子は頭の中で取捨選択ができるようになっているのであり、勉強でも一歩も二歩も先んじることでしょう。

しかし、そんな男の子はまれなので、我が子の「ごちゃごちゃ」を嘆くには及びません。

それに、東大教授の机などが、ひどく散らかっているケースは多々あります。だから、男の子の持ちものを「整理しなさい」と叱るのではなく、もし、整理できるようになってきたら、成績もより一層輝かしいものになると期待することにしましょう。

第3章

仕事でも勉強でも一生役立つ「考える力」の育て方

点と点を自分でつなげられる13のコツ

「考える力」は勉強だけでなく、社会に出たあとも役に立ちます。ですが、自分の頭で考えるためには、ゼロベースでは不可能。知識や語彙、経験、読解力など、考える素材が必要なのです。それを身につけるには、どんな学習法が効果的なのでしょうか？

1 考える力は「知識量」に比例する

考える力とは「1つひとつの知識を有機的につなげる力」

VAMOSでは、基礎の反復学習を徹底して行います。一方で、中学入試には、基礎的学力だけではどうにもならず、「考えて」解かなければならない問題も多数、出題されます。そのため、「基礎ばかりやっていないで、もっと考える力をつけさせなければ」と心配する親御さんもいます。

しかし、これまでも述べてきているように、**考える力は基礎的な知識の蓄積があって生まれるものです。**漢字がわからない子どもが、難しい書籍を読むことも、立派な論文を書くことも不可能なように、基礎的な知識が蓄積されていない子どもが「考える力」を磨くことなどできません。

ビジネスの現場でも、盛んに「考える力が大事だ」といわれます。

しかし、この言い方は実に漠然としています。いったいなにを基準に、みなさんは考える力について判断しているのでしょう。

プレゼンを上手にこなして契約が取れたとき、それは考える力があったからなのでしょうか。プレゼンが成功したのは業界ごとのデータ分析をしたり、見やすい資料をつくったり、市場のニーズを読み解いたり、相手の心を動かす的確な言葉を使ったりといった基礎的なビジネススキルの蓄積があったからだと思います。

少なくとも最初から「考える力」というスキルがあるわけではなく、**基礎的なビジネススキルを総合した上で、正しく考えることができる**と言えるのではないでしょうか。

子どもたちにとって、基礎的な知識が「既知」だとすれば、考える力は「未知」。参考書に出ていたことをたくさん覚えて既知を増やしても、未知のことはすぐには理解できません。たとえば、はじめて見るようなグラフが試験に出てきたら「なんだこれ？　自分が知らない世界だ」と焦るでしょう。

しかし、これまで勉強してきた既知の要素をいろいろ組み合わせることで、そのグラフの意味がわかってきます。

今まで一度も解いたことがないような未知の問題でも、既知の知識の中からパーツを取りだして使っていけば解けるのです。

一方で、基礎的な知識量が不足していれば、その問題はどう頑張っても解くことができません。

考える力とは、**「1つひとつの知識を有機的につなげる力」**と言い換えることができます。そのときに、つなげる「線」だけを長く強くしようとするのは不毛で、**「点」である知識を増やすことこそ優先されるべきです。**というのも、点がたくさんあれば、短い線でもどんどんつながっていくからです。

2

子どもは文字より「会話」から知識を得る

漫画もアニメも考える力を高めてくれる

考える力のもととなる知識は、参考書などのいわゆる「学習教材」から得るものとは限りません。書籍はもちろん、漫画もアニメも映画も役に立ちます。そうした素材に触れ、少しでも多様で幅広い知識を増やすことが、子どもの考える力を伸ばします。

だから、「そんなものを見ている暇があったら勉強しろ」と決めつけずに、**時間を区切って息抜きに楽しませてあげましょう。**

子どもが幅広い知識を増やす上では、**家庭での会話も重要です。**政治や経済のネタから、世の中で起きている事件まで、ゴシップも含めて両親と話をすることで、子どもの知識量は大きくアップします。小学生の子どもは、まだ文字を読むことが苦手な傾向にあり、その分「おしゃべり」によって知識のスイッチが入ります。とくに、男の子の場合、父親から仕事や趣味の話を聞かせてもらうと「もっと知りたい」という欲求が喚起されます。

3

「暗記の工夫」が考える力を伸ばす

「効率的な覚え方」で思考力は磨かれる

矛盾したことを言うようですが、暗記が得意な子どもは、できるだけ暗記を避けようとします。「極力、覚える量を減らしつつ効率を上げよう」と考えているからです。

彼らは、覚えなければならない項目が100あるとしたら、そのまま100を丸暗記するのではなく、それぞれに自分なりの意味づけをして覚えていきます。

たとえば、「鎌倉幕府をつくったのは源頼朝」と覚えるときに、そこから派生して、ほかの将軍の名前や天皇家とのつながり、起きた事件など、関連性を持たせながら覚えていこうとします。

あるいは、漢字を覚えるのでも、「泳ぐという字は水に関係しているからサンズイがつくのか」「炒めるときには火を使うからヒヘンなんだね」などと、意味を考えながら覚えていきます。

こうした工夫こそが、考える力に直結します。

以前、ＶＡＭＯＳの子どもたちが漢字について会話を交わしていたときに、「漫画の漫の字はどうしてサンズイなのか」という話になりました。すると、一人の子どもが「漫画を読むと笑って唾を飛ばすからじゃないか」と言い出しました。

その真偽はともかくとして、この会話によって、そこにいた子どもたちは「漫画の漫はサンズイ」ということがしっかり頭に入ったでしょう。

考える力とは、こういうものです。なにも、しかめっ面でうなりながら上等なことをする必要などありません。

4

男の子には、とにかく「量」が必要

飽きっぽい男の子は「基礎学習」が続かない

真面目に取り組む女の子と違い、とにかく男の子は飽きっぽいので、考える力をつけるために必須の基礎的な知識を入れる学習も、なかなか気力が続きません。たとえば、10のことを覚えようとしていても、３つくらいで飽きてしまいます。

そういう男の子には、とにかく**「量」**をやらせる必要があります。10のことを覚える学習を３～４回やって、ようやく本当に10の知識が身につくくらいに考えたほうがいいのです。漢字を覚えるのでも、お母さんは10回書けば覚えられたかもしれませんが、**男の子には30回書かせてください。**

単純作業ではありますが、回数をこなしているうちに「そうか、泳ぐという字は水が関係しているからサンズイなんだ」と気づくこともあるでしょう。そうした積み重ねが考える力を養っていきます。

5 学力には教科ごとの連動性がある

たとえば英語の成績は「国語力」で上がる

現在、小学校の教育では、英語は正式教科ではなく「外国語活動」として取り入れられています。その英語も、中学校に入ると正式教科になります。

国際化の時代、親御さんは子どもの英語力について大きな関心を持っており、英語の成績が良くないと「我が子には英語力がないのか」と、かなり心配になるようです。

確かに、英語の成績が悪いのは英語力が欠けているからですが、そもそも長文読解ができないのは、**国語力が不足しているからです。**

実は、英語の長文読解でおかしな解答をする中学生は、問題文を全部日本語に訳して出題してもおかしな解答をします。つまり、**彼らは日本語をちゃんと理解できていないわけです。**

こういう中学生に国語の学習をさせると、それに連動して英語の成績が上がってくることがよくあります。

小学生でも同様で、いろいろな教科が連動しています。

理科の問題が解けない子どもをよく観察していると、「理科うんぬんの前に、そもそも算数の基本が理解できていないのだ」とわかることがあります。

このように、**苦手な教科について、その一面だけからアプローチするのではなく、ほかの教科との連動性についても検討する必要があります。**

6 読解力は「聞く」ことでも上がる

学力の差は「問題の読み解き方」で大きく開く

私たち世代の男の子は、みんな『少年ジャンプ』のような漫画本が大好きでした。本書の読者である親御さんたちも同様でしょう。そして、長じてからは、推理小説などを読みふけったのではないでしょうか。

しかし、今の子どもたちは動画世代で、漫画の文字すら読むことを面倒がります。小学校の教師も指摘していることですが、親世代の子ども時代と比べ、著しく国語力が落ちているのです。

ところが、日常生活においては会話が成り立ってしまっているため、**親は子どもの致命的な国語力不足に気づきにくくなっています。**

加えて、男の子の親は「理系が強ければ国語はほどほどでいい」と考え、我が子の国語力にあまり関心を示さないケースがあるのですが、これは大問題です。

もちろん、先に見たように、苦手教科を無理やり克服させようと圧力をかけることには反対です。しかし、理科にしろ、算数にしろ、**「問題文はすべて日本語で出題される」**ということは忘れないようにしましょう。

実際に、「この問題はなにを求めているのか」読み取るのに時間がかかったり、そもそもなにを求められているのかわからなかったりして、差をつけられている子どもたちがたくさんいます。

次ページに、実際に渋谷教育学園渋谷中学校で出された理科の問題を紹介しておきます。いくら理科ができても、国語力がなければ読み解けないことがわかるでしょう。日本語の文章を読む能力をアップするだけで、国語以外の成績も上がることは間違いのない事実です。

では、日本語の読解力のない子どもたちに、それを身につけさせるにはどうすればいいのでしょうか。英語をほとんど理解できていない人に英字新聞を与えても投げ出してしまうのと同様、いきなり長い文章を読ませても効果は上がりません。まずは、短い一文をきちんと読んで理解させることを積み重ねていくしかありません。

そのときに重要なのが家庭での会話です。

文字を目で見て理解することを苦手としている子どもたちに、耳からいろいろな単語を

イ　生存に不利な夏に孵《ふ》化することがなくなる。
ウ　捕食者《ほしょくしゃ》が多い昼に砂浜に出ることがなくなる。
エ　それ以上，産卵巣の中の温度が上がらなくなる。

問3　ウミガメは，産卵の時点では，まだオス・メスが決まっていません。ウミガメのオス・メスは，産卵巣の中の温度によって決まります。

（1）図2は，産卵巣の中の温度と，その産卵巣から出てきた子ガメのうちメスだった子ガメの割合を示したものです。図2を基に考えると，ウミガメの性は何℃より高いと，メスになると考えられますか。その温度を答えなさい。

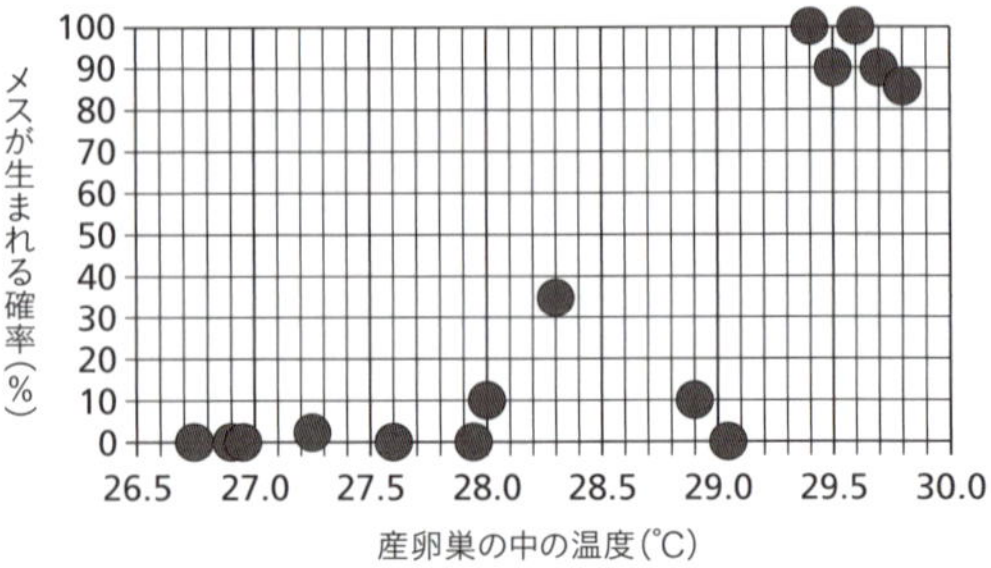

図2　産卵巣の中の温度とメスが生まれる確率
※ Maxwell *et al.*（1998）を基に作成

（2）沖縄の砂浜は，サンゴの死体が砕《くだ》けてできたサンゴ砂でできています。そのため，孵化した子ガメの性は，沖縄の砂浜ではオスの方が多く，本州の砂浜ではメスの方が多くなっています。サンゴ砂でできた沖縄の砂浜ではオスの子ガメが多く生まれるのはなぜですか。その理由を答えなさい。

問4　沖《おき》に出た子ガメは，海流に乗って移動します。この間，子ガメはフレンジーの状態とは逆で，ほとんど手足を動かすことがなくなります。このことは子ガメにとってどのような利点があると考えられますか。適切なものを次のア～エから1つ選び，記号で答えなさい。
ア　捕食者に見つかりづらくなる。
イ　エサを見つける可能性が高まる。
ウ　体温を高いままに保つことができる。
エ　確実に目的地にたどり着くことができる。

問5　文中の下線部のように，子ガメをある程度育ててから放流することは，子ガメをどんな危険にさらすことになりますか。本文をよく読んで答えなさい。

平成29年渋谷教育学園渋谷中学校
（問題文の一部を編集して本書用に改変しています）

図表4｜国語力がなければ、理科の問題文を読み解けない

1　次の文を読み，あとの問いに答えなさい。

ウミガメは海に生息する大型のカメで，全世界には7種存在します。日本の近海ではこれらのうちアカウミガメとアオウミガメの2種がよく観察されます。水族館やダイビングにおいて人気のウミガメですが，ほとんどの種についてその絶滅《ぜつめつ》が心配されています。絶滅の危機に瀕《ひん》している生物を守るためには，その生物の生態情報――どんな場所で生活するのか，何を食べているのか，何年生きるのか，何歳《さい》ごろから繁殖《はんしょく》が可能になるのか，どんなことが原因で死ぬのか，など――を明らかにすることが必要です。ウミガメという生物についての理解を深めることで，私たちは適切なウミガメ保護活動を行うことができます。

ウミガメの生態情報は，漁業で誤って捕獲《ほかく》されたウミガメや，浜辺《はまべ》に漂着《ひょうちゃく》したウミガメの死体などを調査することなどで得られますが，中でも産卵のために上陸したウミガメは貴重な情報源です。ウミガメは，夜間に産卵のために上陸し，砂浜に産卵巣と呼ばれる穴を掘《ほ》ってその中に産卵します。ウミガメは1時間ほどの時間をかけて一度に100個ほどの卵を産みます。産卵中のウミガメは，暴れたり逃《に》げ出したりすることがないので，甲羅の長さを測定したり，産卵した卵の数を数えたりすることができます。ウミガメは産卵後，穴を埋《う》め直してから海に帰ります。

ウミガメの卵は，約2か月後に孵《ふ》化し，子ガメになります。子ガメは，夜になると産卵巣から脱出《だっしゅつ》して砂浜上に出ます。産卵巣から脱出した子ガメは「フレンジー」と呼ばれる興奮期に入り，手足を激しく動かして，砂浜から海に出て，さらに沿岸域から沖《おき》へと脱出します。この興奮期はおよそ1日の間続きます。この「フレンジー」という興奮期があるおかげで，子ガメは魚や海鳥といった捕食者《ほしょくしゃ》が多く生息する沿岸域を可能な限り早く脱出できると考えられています。

ウミガメにとって，日本は北太平洋域における貴重な産卵地です。特にアカウミガメは，千葉県から沖縄《おきなわ》県までの太平洋沿岸で広く産卵していることが報告されています。これらの地域では，地域の住民などを中心にウミガメの保護活動が盛んに行われていて，そのような活動の代表例として，「ウミガメの放流」があります。これは，人間がウミガメの卵をいったん回収し，人工的に孵化させ，ある程度の大きさにまで育てた子ガメを波打ち際から海へかえすという取り組みです。この取り組みは，ウミガメを卵から子ガメまで無事に成長させることができる一方で，大きな問題があることが指摘《してき》されています。

問1　生物を仲間分けしたときに，ウミガメに最も近い生物を，次のア～オから1つ選び，記号で答えなさい。
　ア　トノサマガエル　　イ　アカハライモリ　　ウ　オオサンショウウオ
　エ　ホタテウミヘビ　　オ　ニホンヤモリ

問2　孵化したばかりの子ガメは，温度が高いと活動が鈍《にぶ》ることが知られています。このことは子ガメにとってどのような利点があると考えられますか。適切なものを次のア～エから1つ選び，記号で答えなさい。
　ア　冷たい海の中での生活にあらかじめ慣れておくことができる。

繰り返し入れ、わからないようなら説明してあげましょう。

そして、だんだんとその単語の種類やレベルを上げていくことで、子どもたちのボキャブラリーが自然と増えていきます。

こうして、耳から聞いて「知っている」単語は、目で見ても受け入れやすくなり、やがて文章として理解できるようになります。

親による「読み聞かせ」も効果があります。絵本ではなく趣味の本でもいいですが、子どもが興味を持つ文章を、親が読んであげましょう。そのときに、読んでいる部分を指で示していきます。それによって、子どもの中で聞いている「音」と見ている「文字」がつながっていきます。

7

「読書習慣」が考える力の土台となる

ハードルを上げすぎず、子どもが「読みたい本」を読ませる

テレビや動画のように勝手に画面から情報が入ってくるツールと違って、本は**自分なりに読み解いていく力**が必要になります。「雨がしとしと降っている」という一文があったとして、その具体的な様子については画像がない状態から自分で想像するしかありません。

このように読書は、子どもたちに考える力をつけさせる格好のツールですが、今の子どもたちは活字慣れしていません。そういう子どもたちに読書の習慣をつけさせたいなら、**子どもが興味を持って読みたがるものを与えるのが一番です。**

いきなり『ファーブル昆虫記』などの古典を与えても、虫に興味がない子どもだったら、まず開きません。その子にとって、「本とは開いてもつまらないもの」という悪印象しか残りません。まずは、「活字に対する抵抗をなくす」を目的として、子どもが読みたがるものを最優先に選んでください。

8

「経験量」と考える力は比例する

思考の源泉は想像力より「知識」と「経験」

そもそも、考える力とはどういうものなのでしょうか。

なにかを想像する力といえば聞こえはいいですが、実際は**いろいろある選択肢の中から正しい解を選び出す力**に近いと私は考えています。

なにもないところから、ゼロイチで新しいアイデアを思いつくことなど、私たち大人でも無理な話です。ほとんどのアイデアは、過去に学んだなにかの知識となにかの知識を効果的につなげたものにすぎません。あるいは、いくつかの経験の中から、「Aで上手くいかなかったから、きっとBかCだろう」「Bでも上手くいかなかったから、たぶんCだ」とたどり着いていく。そうした**過去の経験をつなげたり、取捨選択したりすることこそが考える力です。**

つまり、**経験を積み重ねることが、考える力の母体**になっているわけです。

美味しい料理をつくれる料理人は、たくさんの材料や調味料を使った経験があるだけでなく、美味しい料理を食べるという経験も積んでいます。

だから、普段から家庭においても、子どもにさまざまな経験を積ませてあげることが重要です。

それはなにも、旅行などの大がかりなイベントである必要はなく、バドミントンやキャッチボールといった遊び、洗車、トイレ掃除、洗濯もの干しなど家事の手伝いであってもいいのです。そうしたことから、**普段接点のない言葉を覚え、考える土台となります。**

また、食後の食器洗いも、最初は要領が悪いですが、何度かやっているうちに「そうか。こうするともっと効率的にできるのか」と子どもなりにわかってきます。そうした日常生活の中での経験の積み重ねが、まったく別の状況においても**考える際の道具**となるのです。

9

男の子には途中で間違いを指摘しない

子どもが自分で「違った！」と気づくまで我慢する

算数の計算1つをとっても、男の子と女の子では解き方のプロセスに違いがあります。女の子は、消しゴムを使ってプリントがボロボロになることを嫌います。そのため、まず頭の中であれこれ筋道を考え、「だいたいこの方向だな」というのが見えてから鉛筆で書き始め、きれいに仕上げます。

一方、男の子はまず手を動かし、「うわ、違った」「あれ、違った」と何度も書いては消して直すというトライ＆エラーを繰り返す中で、正解にたどり着くというやり方を好みます。見ているこちらとしては「もう少し考えてから手を動かせば？」と言いたくなるのですが、そこはぐっと我慢。

男の子に対しては、間違っている段階で「そこ違うよ」と指摘するのではなく、**本人が「違った！」と気づいたときに、「では、もう一度、考えてごらん」と言う指導が必要なの**

です。

ちなみに、**この「違った！」は、なるべく残しておいたほうがいいでしょう。**

計算で間違ったのなら、その間違った式を消してしまわずに、プリントのほかの余白で計算し直すようにすれば、どこに原因があって間違ったかが明確になります。

また、できないものができていく過程を目にすることになり、自信にもつながります。

途中で講師や親のアドバイスはあったとしても、男の子は「自分でナントカしたい」生きものですから、それができた証拠は残しておいたほうがいいのです。

いずれにしても、男の子は要領が悪いので、考える力を養うためには、こうした泥臭い作業が必要です。

10 テストで「実践力」を鍛える

効率的なアウトプットには「慣れ」が必要

私たち大人が想像している以上に、子どもたちはアウトプットが苦手です。問題を解くための材料はいっぱい持っているのに、それをどう使うかの実践力が弱いのです。まさに、子どもの頭は便秘状態。彼らは、**「入っているのはわかっているんだけど、それがどこにあったかわからなくて引っ張り出せない」**状況にいます。

中学入試では、決められた時間内に必要な知識を効率良くポンと出さないといけませんが、それには一種の慣れがものをいいます。普段から模擬試験をたくさん受けて、**インプットした知識をアウトプットする練習**を重ねさせましょう。

模擬試験では、単純に点数が伸びたか否かで一喜一憂するのではなく、子どもの中にアウトプット力の変化が起きているかどうか、**効率良く必要な知識を引っ張り出せる経験が積めているかどうか**にも注目していきたいところです。

11

考える力は「処理能力」とペアで伸ばす

差が生まれる「時間管理」と「段取り」のスピード

考える力の対極に **「処理能力」** があります。

ビジネスでも、いいアイデアを生み出すことに長けた人もいれば、事務的な仕事をテキパキと片づけていく能力を有した人もいます。

ただ、大人の場合、考える力がある人はたいてい処理能力も高く、必要に応じて使い分けているケースが多いようです。よほど、どちらかの能力が傑出して高いというのでない限り、どちらも必要なのが大人社会です。

スポーツの世界も同様で、いくらサッカーの戦術に優れていても、まわってくるボールを的確に処理できなければ試合で使ってもらえません。

ところが、子どもの場合、せっかく考える力はあるのに、処理能力がなくて受験でいい結果を残せないという、もったいないケースがたびたび見受けられます。いわゆる「やればできるんだけどね」という子たちです。

彼らは、**「時間管理」**や**「段取り」**が苦手。そもそも、たいていの男の子は、これらが得意ではありません。

逆に言えば、**時間管理や段取りといった処理能力を身につけさせれば、他者をリードできます。**そして、処理能力は後天的に身につけやすく、考える力よりも公平に伸ばすチャンスがあるものです。

灘中学の入試は2日に分けて行われます。1日目は、参考書に載っているような問題をひたすら速く解く処理能力を問い、2日目は考える力を見ます。この対極の力の合計点で合否を決めます。

ほかの一般的な中学入試では、もう少しファジーに2つの要素が混ぜ込まれています。しかし、いずれにしても、決められた時間内に必要なことを見極めて処理していくというミッションをこなせなければ受かりません。

だから、考える力うんぬんの前に、処理能力を身につけさせておくことが重要です。これは大人が子どもの尻を叩いて身につけさせることができるものです。

模擬試験などで経験を積ませたり、親が時間を決めていくつかの問題を解かせ、その時間配分や段取りも見てあげたりするというのもいいでしょう。

12

自分の頭で決めさせて、あえて後悔させる

考える力はあっても「決断」できなければ意味がない

考えるという作業において、最も重要なプロセスは**「決断」**です。

ビジネスでも、考えて考えて「もうこれしかない」というものが見えていても、最後に決断ができなければ、それまで考えていた意味はありません。

ところが、集団の意思を重視する日本社会では、大人であっても決断はなかなか大変。子どもであれば、なおさら大変です。しかし、だからといって、その大事な仕事を子どもから奪い取ってはいけません。

中学入試で問題を解いている最中はもちろんのこと、子どもたちの将来においても意思決定のスピードを上げていくことは非常に重要です。そして、そうした力は、経験を積んでいかない限り身につきません。

たとえば、迷路で遊んでいる子どもに対し、「そっちじゃないよ」と言ってしまったら

どうなるでしょうか。子どもは、道を選ぶ決断の機会を持てません。

たとえ、間違った道であっても、子どもがその道を行くという決断をしたなら、見守ることが必要です。川に落ちて命の危険があるというならともかく、時間がかかったり、子ども自身が疲れ果てるくらいで済むのなら、それは重要な経験となるからです。とくに、「自分で決めたい」男の子には、**意思決定に親があまり関わってはいけません。**

しかしながら、現実には関わりすぎる親が多いのです。

ファミレスでも、子どもが「オムライスがいい」と言っているのに、「先週もそれ食べたじゃない。少しは違うのにしなさいよ」「ハンバーグセットのほうが野菜もいろいろついてくるわよ」などと意見している親をよく見かけます。

でも、それは自分で決めさせて、「あ、お母さんの頼んだハンバーグセットのほうが美味しそうだ」と後悔させればいいのです。

一番いけないのは、なんでも親が決めてしまい**「ほらね、やっぱりお母さんの言うとおりにするといいでしょう」と念を押すこと。**これによって、子どもの「自分で決める力」はまったく育たなくなります。

実は今、排尿のタイミングがつかめずに、どのくらいもつか不安でしょっちゅうトイレに行く子どもが増えています。逆に漏らす子もいます。

これも、母親が「そろそろトイレに行っておきなさい」と細かく指示を与えているからです。いつトイレに行くかは、自分ではなくお母さんが決めてくれるものだと思い込んでいる、笑い話にもならない子どもが増えているのです。

子どもが5人も6人もいるような時代には、母親は忙しくてとてもそんなことを把握していられませんでした。だから、子どもたちは漏らしてしまい、その恥ずかしい経験から自分でトイレのタイミングをつかんでいきました。

しかし、今は一人の子どもに、大人がたくさんついています。お母さんだけではなく、お父さんもおじいちゃんもおばあちゃんも「そろそろトイレに行きなさい」と言ってくれるので、子どもが自分で決める能力を失ってしまうのも当たり前。

そういう時代だからこそ、親は意識的に子どもに対し**「あえて教えない」**というテクニックを使うことも必要になってきます。

13 勉強のやり方も子どもに決めさせる

男の子の「要領の悪さ」を楽しむくらいでちょうどいい

勉強のやり方についても、最後は子どもに決めさせましょう。

男の子は放っておけば好きなことばかりしてしまうので、勉強のやり方について親のアドバイスが必要です。

ただ、「こうしなさい」とがっちり型にはめてしまうのではなく、**いくつかの選択肢を用意して自分で選ばせるという柔軟な方法を採りましょう。**

たとえば、明日までにやっていかねばならない宿題が3つあるとしましょう。

子どものことをよくわかっている親は、「まず嫌いな国語をやらせないとまずいな」と考えます。

しかし、それを言わずに、「全部終わらせなくてはダメだよ。で、どれから始める?」と子どもに決めさせます。

おそらく、「好きな算数から」と言うでしょう。そして、それが簡単にこなせたために、「楽勝」とばかりにスマホをいじったりして、ようやく残りの2つに取りかかります。すると案の定、時間が足りなくて「やばい」と子どもは焦り始めます。

このときになって、「じゃあ、次からは最初に国語をやってしまうのもありかもね」程度にアドバイスをしてあげることです。

男の子は、その脳の構造からなんでも自分で決めたがります。ただ、要領が悪いために、決めたことがあまり上手くいきません。しかし、要領の悪さは、**その要領の悪いトライ&エラーを重ねることでしか解決できません。**

親は、そのトライ&エラーをやめさせるのではなく、必要に応じてちょっとだけ手を貸してあげればいいのです。

第4章

成績がぐんぐん上がる男の子の目標・計画術

無邪気な心を上手に動かす13のテクニック

男の子は女の子と比べて、計画を立てて勉強するのが苦手です。物事を俯瞰できず、自己分析も下手。でも一度、心に火がつけば、想像を超える力を発揮します。本章では、〝目先のこと〟に全力疾走する男の子の特性を活かしたロードマップの描き方を紹介します。

1

男の子は計画を上まわる力を持っている

細かすぎる計画は男の子の「伸びしろ」を潰す

勉強ができる子どもたちを見ていると、男の子と女の子では計画の立て方がまったく違うのがわかります。女の子は自分でしっかり計画を立てているのに対し、男の子はそれができません。自分でやらせると、すごくおかしな計画を立ててきます。しかも、男の子は不器用ですから、そのおかしな計画に振りまわされることになります。

だから、男の子の場合は、計画というほど大仰なものを求めるのではなく、**大まかに月の目標を決めたら、あとは目の前のミッションを一個ずつこなし、その日を精いっぱい努力する**というくらいでいいのです。

むしろ、あまり細かい計画を立てると、伸びしろを潰してしまう可能性があります。

女の子と違って男の子は、1～2週間単位、さらに言えば1～2日単位で、グワッと大きく成長することがあります。計画を大きく上まわる自分と、大きく下まわる自分を両方持っているのが男の子であり、そういう子どもに対して細かい計画は無意味です。

ところが、親はそれをやってしまうのです。夏休みなど、ガチガチな計画を親が立てて「このとおりにやれ」と子どもに命じます。

確かに、男の子は、放っておいたら好きなことばかりやってしまいますから、親のコントロールは必要です。しかし、それはがんじがらめにすることではなく、1か月ごとにやるべき内容を示すとか、毎日の勉強時間を約束するという程度に留め、あとは自由にやらせていいでしょう。

左ページに載せたのはVAMOSの授業内容の一例です。

女の子の場合、これに沿って計画的に勉強し、その日の準備を整えてきますが、男の子は当日になって「今日はなんだっけ」と、のんきに確認します。でも、その場その場で集中していけば結果はついてくるのでそれでいいのです。

あまりにも無計画で無邪気な男の子を見て、とくに上に女の子がいるような家庭では、「お姉ちゃんはきちんと計画的に勉強できたのに、この子はおかしい」と不安になるかもしれません。

しかし、こうしたことも、男の子が最後の追い上げ力を身につける大切なトライ&エラーです。むしろ、期待して見守りましょう。

図表5｜VAMOSの授業内容の一例

	予定	教科	内容		予定	教科	内容
8:00	自習（予習・復習）	社会	地理（日本の工業）	16:00	休憩		
8:30		理科	生物（植物のつくり）	16:30	授業	国語	読解演習（随筆）
9:00	授業	算数	文章題（図形の面積・角度）	17:00			
9:30				17:30			
10:00				18:00			
10:30			文章題（割合と比）	18:30			
11:00				19:00			
11:30				19:30			
12:00	昼食・休憩			20:00			
12:30				20:30			
13:00	授業	理科	地学（天体）	21:00	自習（予習・復習）	社会	歴史（年代の暗記など）
13:30				21:30			
14:00				22:00		国語	漢字学習
14:30		社会	歴史（近代社会）	22:30			
15:00				23:00			
15:30				23:30			

2 スケジュールの中にバッファを組み込む

なにか起きたときにフォローできる余裕を持つ

子どもの勉強について、余裕のまったくない計画を立ててはいけません。

今の子どもたちはとても忙しく、ぼーっとしている時間などほとんどありません。学習塾のみならず、スポーツや音楽などを習うために、学校から帰ったらなにかの教室に通っています。子どものキャパシティから考えたら、忙しいビジネスパーソンよりもはるかに多忙な日々を過ごしています。

そこに加えて、受験勉強の計画までみっちり入れ込んでしまったら、もうパッツパッになってしまいます。

バッファがなければ、なにか1つずれ込んだときにカバーできません。

それは大人たちのビジネスも同様。仕事ができる人は、「なにか起きたときにフォローできる余裕」を考慮しているはずです。子どもにも、そういう余裕は必要です。

3

「根拠のない自信」が最強の武器となる

無邪気な目標は限界を超えていくエンジン

小学生の頃の男の子は、幼くて物事を広く俯瞰して見ることはできません。それは、言葉を換えれば、無邪気で自分の可能性を信じて疑わないということでもあります。たとえば、一生懸命サッカーをやっていても、高校生にもなれば「どんなに頑張っても自分はメッシにもロナウドにもなれない」と気づきます。しかし、小学生はそうではありません。

勉強に関しても同様で、男の子は「自分は開成に入って、東大理三に行って、有名な医者になる」などと考えています。

この「まったく根拠のない自信」は、心配している親からすれば困ったものかもしれません。しかし、見方を変えれば、**それは「無限の可能性」にほかなりません。**そして、この根拠のない自信こそ、男の子の成績を伸ばす上で最も重要な武器となります。

それを、「そんな夢のようなこと言っている場合か」と、現実を突きつけて押さえつけてしまうと、見えない可能性まで潰してしまいます。

もちろん、子どもも高校生になれば「さすがに東大理三は無理か」と気づき始めるでしょう。しかし、小学生の頃に根拠のない自信で突っ走ることができた子は、結果的に大きく伸びることができ、それなりに難関校を突破しているはずです。

無邪気に自分の可能性を信じている小学生の男の子に、「もっとリアルな数字を見ろ」などと、会社の部下に対するようなことを言ってはいけません。

4 ニンジンをぶら下げて全力で走らせる

「実現可能な目標」に男の子は燃えない

男の子にはあまり細かい計画を立てさせないほうがいい理由の1つに、**「目標と現実との乖離」**があります。

VAMOSの生徒もそうですが、根拠のない自信に裏打ちされている男の子は、いろいろ勝手な目標を口にします。

「大金持ちになる」

「東大を主席で卒業する」

「世界一の外科医になる」

「サッカー選手になる」

「スーパーロボットを開発する」

「モテまくる」

もっと支離滅裂なものも含め、男の子たちが本気で口にしているこうした目標は、9割を超える確率で達成されません。つまり、**達成されることのない目標から逆算して計画を立てても、それに振りまわされるだけで、かえって時間のムダなのです。**

一方で、最初から実現可能な目標を与えられても、男の子はエンジンがかかりません。子どもながらに「男のロマン」を抱いているのかもしれません。

であるならば、それを利用してしまうのが一番です。

大人から見たらどれほど無理な目標でも、根拠のない自信によって「その気になっている」子どもは、アドレナリンが多量に分泌されています。**そこに勉強を入れ込んでしまえば、自ずと成績も伸びていきます。**

乱暴な言い方をご容赦いただければ、興奮している馬の前にニンジンをぶら下げておくようなものです。ニンジンを上手に見せ続けてあげるか、「無理」と奪い取ってしまうか。

当然、前者のほうが馬はよく走ります。

5

「調子に乗せるロードマップ」を描く

男の子は自分の悪いところに目をつぶり、良いところに注目する

「これはちょっとしたミスだから」

「時間が足りなかっただけ」

模擬試験で低い点数を取った教科について、男の子はたいていこんな言い訳をします。いえ、言い訳だと断じてしまうのは大人だけで、本人は本当にそう思っているのです。

彼らは、80点取れた教科については「俺ってすげー」と自信を深め、40点しか取れなかった教科については「ちょっとミスしただけだから、まだまだ伸びる」といいように解釈します。

自分の悪いところに目がいく女の子と違って、**気分が良くなる部分に注目できるのが男の子。**こうした、男の子のおめでたいメンタリティは、指導する上では非常に便利な側面を持っています。

男の子の受験を成功させられるか否かは、**いかに「調子に乗せるロードマップ」が描けるかにかかっています。**

大半の男の子は、**自分が得意なところを大事にしています。**だから、「せっかく算数ができているのに、苦手な国語のせいで受験に失敗したらもったいないな」とは思っています。そこを刺激してあげると重い腰を上げ、苦手教科に取り組んでくれます。

「○○君はさすがに算数は強いね。だったら、本当は国語だって70点取れるんだよ」

こうして調子に乗せるのです。

一方で、少数派ではありますが、できないことにフォーカスすると反骨心でそれを克服していく子もいます。

「国語が40点か。○○君ともあろうものが、これでいいのか？」

結局は同じことを狙っているのですが、アプローチを逆にしています。

どちらが効果的かはその子の性格によりますが、前者8割、後者2割といったところでしょうか。

我が子がどちらのタイプなのか、じっくり見極めてください。

6 苦手を克服するポジティブなアプローチ

苦手な教科を「得意な考え方」に転換して解釈させる

男の子も女の子も、それぞれ一人ひとりが得意分野と不得意分野を持っています。とくに男の子の場合、教科ごとのバランスが悪いケースが多いのです。

ただ、なにか強みがあるということは、**「成績が上がるプロセス」は知っているということです。**そのプロセスにほかの教科も当てはめていけば、「得意分野はさらに伸ばして、不得意分野も克服する」が可能になります。

たとえば、苦手な男の子が多い国語ですが、これも情緒で解釈せずに**算数的なロジカルなアプローチができます。**

長文を情緒的に読み込もうとせずに、部分部分で切り取り「ここまでをAとして、そこからここまでをBとして、残りをCとする。すると、AとBは逆のことを言っていて、CはAに近いところに戻して結論にしているのがわかるよね」などと、少しでも**算数の公式**

的な考え方に変換してあげるのです。

これだけで苦手意識が和らぎ、国語に対する取り組み方が変わって結果もついてくるということがよく起きます。

実際に、「この著者はここでなにを訴えたいのか」といった設問などは、論理パズルを解いているようなもの。本当は1つの答えに落とし込めるはずがないものを、一定のパターンに基づいて問題をつくりあげているわけですから、**まさに国語にも公式があるのです。**

逆に、算数が苦手な子は、その公式に対する拒絶反応が強いのですから、算数の問題を解く過程をロジカルにしすぎずに、なるべく**情緒的な言葉を使って説明してあげる**といいのです。

苦手教科にかける時間をどう配分するかといったことも、親が子どもと一緒に考えていく必要があるでしょう。単純に、4教科の時間を均等に分けるのではなく、そのときの子どもの伸び具合によって、苦手教科を7割、ほかを1割ずつにしたりといろいろ考えられます。

いずれにしても、子どもはロボットではないので、大人が考える理想の配分に固執すると失敗します。要するに、その子が苦手な教科にポジティブに取り組んで成績がアップすればいいのです。

7

目の前の「小さな達成感」を積み上げる

男の子には「目先のことでドタバタ方式」が向いている

男の子には長期計画など立てさせずに、目先のことで日々、勝負させましょう。

目先のことを1つ片づけると、わずかながらでも前進します。昨日よりも今日は前進しているし、午前中よりも午後になれば前進しています。

このように、**1分前のことが2分後にはできているという小さな達成感が、その子のモチベーションとなって、翌日も同じように目先のことを片づけようとするようになります。**

その繰り返しで、気がつけばずいぶん成長したというやり方が、男の子には向いています。

ビジネスでも、あまりしっかりとした長期計画を立てると、どこか息が詰まりプレッシャーを感じるはずです。それに、「目先のことでドタバタしているうちに、なんとか片づいちゃった」という仕事もあるでしょう。

男の子には、**「目先のことでドタバタ方式」**でいきましょう。

8 長期計画より「ノルマ」を決める

「今やるべきこと」が男の子の心に火をつける

男の子には、計画よりも**「ノルマ」**を意識させるといいでしょう。

「今週は、毎日、漢字を30個ずつ書く」

「今日は、計算問題を20問解く」

こうして、**数字で「今やるべき目先のこと」をわからせて、それを積み重ねさせると、男の子の学力は伸びます。**私はよく、「勉強に感情を入れるな」と言っています。気分に左右されず、無心になってノルマをこなすくらいの感覚で、ちょうどいいのです。

中学の入試に500問の問題が出るとしたら、その500問が全部正解なら確実に合格します。実際には、もっと少ない正解数で合格しますが、いずれにしてもその水準まで行けばいいわけです。男の子には合格のベンチマークとなる数字を、ノルマとしてこなさせることがなによりも必要です。

9

「ノルマ」は数字にして宣言させる

「自己責任」が達成へのコミットメントを強める

毎日のノルマは、**自分でその数字を決めさせる**ことが重要です。というのも、「自分で決めたからには達成してね」という姿勢を親が示せるからです。

もちろん、達成できないこともあるでしょう。それもまた大切なトライ&エラーです。

「10個やるのは無理だったか……。でも、8個ならできるはず」

こうして自分でフィードバックするときの、さじ加減をどう設定するかはとても大事なことで、親が決めてやらせるのではダメなのです。

ビジネスでも、最近は自分で売り上げ目標を宣言させる方法がよく採られるようになりました。

上司が勝手に設定したものであれば、達成できなかったときに叱責はされても、「無理でした」を言う自分に対する裏切り感はありません。でも、自分で宣言したことに「無理でした」と言うのはつらい。だからこそ、達成するためのプレッシャーを感じつつ、自主的に努力や工夫をするのです。

子どももそうあるべきで、そういう思いをすることが、その子の長い人生において大きな意味を持ってきます。

ある程度の方向性を親が示してあげたり、子どもと一緒に考えてあげたりすることは必要ですが、小学生といえども、最後は自己責任論でいかなければなりません。

受験は、先生がやるのでも親がやるのでもない。**自分のために自分がやる。**ほかの誰かが代理を務めてくれるものではない。

男の子に、それをしっかり理解させる必要があります。

そのためには、**本人に宣言させる**のが一番。

「僕は、〇〇中学に行きたい。そのために勉強する。塾に通って、〇〇中学に合格するための勉強をする」

まずは、この大枠をしっかり宣言してもらい、親子で共有しましょう。

そして、毎日のノルマについても**「今日は〇〇を〇個やる」**と、具体的に数値を入れて宣言してから勉強を始めてもらいましょう。

10 まず「寝る時間」と「起きる時間」を決める

気分に左右されずに勉強習慣をつくる方法

男の子に、自分で決めたことを守れるようになってもらうために、まず手をつけるべきは**「寝る時間」**と**「起きる時間」**です。これを自分で決め、守ってもらいましょう。

簡単そうですが、小学生の男の子には非常に難しいテーマです。

「じゃあ、夜は11時に寝て、朝は6時に起きることにするよ」

そう宣言してみたものの、塾に行って、帰ってきてご飯を食べ、ちょっと漫画を読んだらもう10時半。

「やべえ、宿題があったんだ。終わらない」

「お風呂に入らないとお母さんに怒られるし……」

これで、すでに寝る時間は守れません。寝る時間が遅くなれば、起きる時間も守れません。宣言1日目にして早くも破綻。男の子にとって、こうした基本的なことを守るのはなかなか難しいのです。

だから、まず寝る時間と起きる時間を決めさせ、宿題の時間や、ゲームで息抜きする時間など細かいことは、そのあとに考えて入れ込んでいったほうが、結局はまとまります。

最初は破綻しても、いろいろ修正をしているうちにだんだん守れるようになっていきます。それが1週間続いて守れるようになったら、勉強のリズムもできあがったということです。

逆に、もし、いつまで経っても寝る時間と起きる時間が守れないのであれば、毎日の勉強も相変わらず気分に左右されている証拠です。

11 目標は「相対」と「絶対」の2つを立てる

「○○君に勝つ」と「問題300問」が目標を最適化する

男の子に細かい計画は向かないですが、さすがに6年生の秋以降はスタンスを変えていく必要があります。この時期になると、目標設定とそれを遂行するプロセスの繰り返ししかなくなるからです。月ごとに目標を設定し、それを計画的に遂行させていきましょう。

具体的には、「**相対的目標**」と「**絶対的目標**」という2つの側面からアプローチしていきます。相対的目標は、偏差値をいくつまで上げるとか、あるいは「○○君に勝ちたい」というのでもいいので、基準となる数値や相手を見据えて設定させます。

絶対的目標は、漢字を500個書くとか、計算問題を300問解くというもので、周囲との比較ではなく、いわば自分との闘いです。

そして、**これらの目標は自分の口で宣言してもらいます。**

最初は相変わらず、達成できっこないような目標を口にする子もいます。逆に、少数派ではありますが、楽すぎる目標を設定する子もいます。しかし、楽すぎる目標を立てていたのでは志望校には合格できません。

このように、6年生の秋になり、いよいよ受験が迫ってきたときに、**そのズレた目標設定ではいけないということを自ら意識し、現実と照らし合わせながら最適の目標を見つけ出してくる作業は必須です。**

こうした作業をとおし、「いくらやっても、この差は埋まらないな」といったことに気づき、子ども本人の中で自ずと志望校が絞られていきます。

あるいは、「〇〇中に行きたいけれど、このままでは無理だ。しばらくゲームは我慢して、勉強時間をもっとつくろうか……」と子どもなりの工夫を始めます。

そうした過程で、クラブ活動などを続けるかどうかについても本人が悩み、決めていきます。結局のところ、志望校は親が決めるのではなく、子どもが自分で決めるものです。

ちなみに、相対的目標と絶対的目標の2つを立てさせるのは、バランス面もありますが、**2つあれば、どちらかは達成できる可能性が高いからです。**

1つしかない目標を達成できなければ自信を失うでしょう。あるいは、達成できないことを恐れ、そもそも立てる目標が低くなります。すると、自ずと志望校のレベルも低くなってしまいます。

12
「学習日記」で自分と向き合わせる
自己分析と言語化の精度は偏差値に表れる

6年生の秋になると、VAMOSでは、自分の目標とその達成度などについて、日記形式で記録を残す作業を始めます。

「自分の現状、悩み、成績などについて、なんでもいいから書いて」と、A3サイズのノートを渡し、自由に書いてもらいます。

本人と講師しか見ない、交換日記に近いものです。

口で言うだけでなく、書いて読み直すことができる日記は、**自分と向き合う格好の材料となります。**

中学生になってしまうと、思春期特有の反抗心もあり、こうした日記は機能しなくなりますが、まだ自分と向き合うことがなかなかできない小学生の段階では、非常に有効に機能します。

Ａ３サイズの大きなノートを使うのは、好きなようにいろいろ書いてもらいたいからですが、結果的にその子の状態がよく見て取れます。自己分析が深くできる子は、いろいろなことを書いてきますし、できていない子はわずか数行で終わってしまいます。**このクオリティの差は、偏差値の差とも言えるのです。**

実は、このノートに、親がコメントを書き込んでくることがあります。子どもに代わって「○○ができていない」などと分析しており、その分析はたいてい私たち講師のものと一致しています。だから、「親はちゃんとわかっている」ということは理解できますが、**それは意味のないことです。**

というのも、子ども本人が思っていることと、大人たちが思っていることが一致しているかどうかが大事なのであって、講師と親が一致していることを確かめても、なんにもならないのです。

このノートの役割は**「自分で気づかせる」**こと。大人がうるさく指示を与えるためのものではありません。

もし、家庭で取り入れるのであれば、そこを忘れないでください。

図表6｜毎日の進捗を把握するための学習日記

8/1/火　No. 15

午後と夜の算数は水そうグラフをメインにしました。水そうグラフはじみちに計算するのではなく、記号を使っておえておくことが大切だということが分かりました。

8/3(水)
教科　午前　自習
　　　午後　テスト
　　　夜　国語

感想
夜の国語は要約をメインにしましたがあまりできませんでした。このカードは国語があるのでてっていてきに特訓したいです。

8/4(金)
教科　午前　自習(月例テスト最後の予習)
　　　午後　月例テスト
　　　夜　算数(相似)

感想
午後の月例テストは国・算・理・社のどれもできませんでした。
国語
漢字の対義語ができなかった。
算数
数列の表が難しかった。
社会
最後の記述問題がむずかしかった。
理科
一番最後の大問がむずかしかった。
夜の算数は相似や図形の移動をメインにしました。図形の移動のとおらなかった部分に気をつかいたいです。

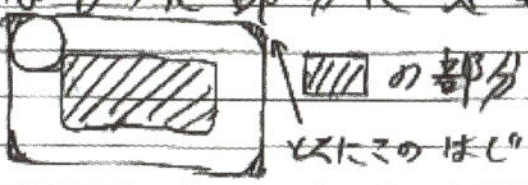

13

「授業8割・自習2割」が黄金比率

2割の自由学習が、8割のマスト学習の吸収力を上げる

グーグルでは、社員の仕事の8割はノルマ方式で、残りの2割は自由で遊びのあるものにしているといわれています。

私の教え方もこれに近いところがあります。

8割の時間は、みんながやらねばならない「マスト」の学習に費やします。

そして、残りの2割は自分でなにをやるかを考えてもらいます。そのとき、各自が学習日記に書いた内容などを考慮に入れながら、私たち講師も一人ひとりへの課題を与えていきます。

この、「一人ひとりで異なる2割」があってこそ、8割のマストの学習に対する吸収力や伸び率がアップします。

私たちが接しているのは、ロボットではなく生身の人間です。一口に「小学生」と言っ

ても、一人ひとり違うのです。

車にたとえれば、少しでも高級なレクサスに仕上げようとはしていますが、内装や付属品はそれぞれでいいのです。さらに言うなら、低価格帯の車だって、いろいろカスタマイズしてかっこいい車に仕上げれば、それはそれで価値のあることです。

だから私は、ベルトコンベアーに乗せて、どの子も同じ仕上がりにするようなことは考えていません。

私は、学習塾は寿司屋で、預かっている子どもたちは**「生もの」**だと思っています。寿司屋である以上、ネタの種類によって扱い方を変えるのは当たり前だし、気温や湿度などを気にしながら細かい調整をしなくてはなりません。

その日に教室に入ってきた子ども一人ひとりの顔を見て、私は教え方を柔軟に変えています。

親もまた、子どもという生ものを扱っている寿司屋なのだという認識を持ってください。

第5章

「必修4教科」の最強勉強法26

算数・国語・理科・社会の成績を最短ルートで上げる方法

学力アップの基本は「基礎の習得」。では、その基礎力を効率的に身につけるために、どうすればいいのでしょうか。成績を上げるためには、教科別にやるべきことが少し異なります。ここでは、日頃から家庭で意識しておきたい効果的な方法をまとめました。

[算数] 1

連動性があるのでステップは飛ばさない

わからなくなったら必ず前に戻って再スタートする

数学が苦手な中学生は、たいてい小学校の算数にその理由を持っています。小学校高学年の頃の授業内容を理解できていなかったことが尾を引いているのです。

このように、**算数（数学）というジャンルは、小1〜高3まで一本の道になっており、途中で躓くと先に進むことが難しくなります。** 1桁の足し算、引き算、掛け算、割り算ができなければ2桁の問題は解けません。小数がわからなければ、小数が出てくる方程式は理解できません。**算数はとくに、ステップを飛ばしてはいけない教科です。**

だから、我が子の算数がなかなか伸びないというときには、今やっているところを何度も復習させるより、ちょっと前に戻ってどこで躓いたのかを把握してください。そして、それを反復学習によってしっかり身につけ、そこから再スタートすることが、遠まわりのようでベストの道です。

［算数］2

算数はかけた時間に比例して偏差値も上がる

センスが必要な問題は実際ほとんどない

「うちの子には算数のセンスがない」と心配する親御さんは多いのですが、センスが必要とされるのは、ごく一部のトップ同士の争いにおいてです。

中学入試でも高校入試でも、算数や数学の問題は、市販の参考書の類題が95％を占めており、センスがなければ解けない問題は5％にすぎません。**実は、算数はセンスの有無など関係なく、普通の子が学習レベルや偏差値を最も上げやすい教科です。**

算数は覚える量が圧倒的に少ない上に、国語のように日頃からの読書量が求められたり、理科のように自然との触れ合い経験がものをいったりする教科と違い、**勉強にかけた時間に比例して成績も伸びやすくなります。**

算数を得意とする男の子が多い中で、苦手と感じているなら、費やしている時間が足りないだけ。ステップを踏んで地道に学習を重ねれば、必ず結果がついてきます。

[算数] 3

基礎力の「計算の64ステップ」を順にマスターさせる

現在地を正確に把握してスタートさせる

91ページでも紹介した**「計算の64ステップ」**は、小学校1年生～中学校1年生くらいまでに学校で教えられる内容を、私が独自にグループ分けしたものです。

たとえば、VAMOSに小学校3年生の子どもが入ってきたら、私はまず「Step15掛け算（2桁×2桁）」くらいの問題を解いてもらいます。

それができればもっと先のステップを、できていなければ少し戻り、**「その子が今、どのステップにいるか」**を把握します。そして、そこから確実にステップを踏みながら進んでいくようにします。

このステップのうちのどこかで躓いてしまうと、次のステップを理解することができなくなってしまうからです。

文部科学省のカリキュラムでは、このような分け方はしておらず、足し算をやったら引き算を少しやって、そのあとに、掛け算や割り算……というように、広くひととおりのことを教えます。

これですと、一人ひとりの定着度がわからず、できない子は前に進めなくなるのですが、中学受験を前提にしていない公立小学校では仕方のないことと言えます。

算数や数学が苦手な子どもにしたくないならば、「計算の64ステップ」のマスターは必須です。

［算数］4

算数の基礎力は「約分」にある

手を抜いてはいけない「問題を速く解くための土台」

約分とは、分数の分母と分子を共通の約数で割り、より簡単な分数にしていく算数の手法です。

この約分は、**さまざまな数の問題をより速く解く上で非常に大きな要素**であり、手を抜かずに勉強していく必要があります。

たとえば、「16分の4」とあったとき、できる子は、「分母も分子も4で割れる」と最初から気づきます。対して、遅い子は、「16分の4」をまず2で割って「8分の2」とし、それからもう一段階を経て「4分の1」にたどり着くなど、なにかにつけて時間がかかってしまうのです。

VAMOSの子どもたちは、「91分の65」が出てきたときに、1~2秒で「7分の5」と答えます。これは、日頃の反復学習でいろいろな数字の倍数を体が覚えており、「91も

65も13で割れる」とすぐにわかるからです。

あるいは、100という数字に対して、「10×10」ではなく、「2×2×5×5」という発想ができるのも約分の能力です。

これができると、算数だけでなく計算を必要とする理科の問題でも、迅速で多様なアプローチができるようになります。

このような約分の能力は、センスの問題ではありません。**普段から、掛け算や割り算の練習問題を数多くこなし、数字に慣れることで身につきます。**

百ます計算なども、大いに活用してください。

［算数］5

「割合」「速さ」「比」で学力に差が生まれる

踏ん張っておきたい「わかる」「わからない」の分岐点

小学校5年生になると、算数の授業で**「割合」「速さ」「比」**という非常に重要な概念が連続して出てきます。

割合は、「35％ＯＦＦ」「打率3割」など。速さは、「時速70キロ」など。比は「男女比2：3」など。いずれも、私たちの日常生活に欠かせない概念です。

新しいことがいきなりまとまって出てくるため、算数が苦手な子は逃げ出したくなるでしょうが、ここで踏ん張って勉強することがとても大事。**中学入試の算数の問題に絶対に出てきますし、理科も、これらの概念がないと解けない問題が多いのです。**

さらには、中学以降の数学や理科においても、こうした基礎がないと理解できないテーマが増えていきます。大人になってからの社会生活でも仕事の現場でも同様です。

言ってみれば**ケーキのスポンジにあたる土台**であり、たとえ中学受験をしなくても、スルーしてはならない分野です。

ところが、いわゆるゆとり世代では、こうした学習は軽視されてきました。そのため、彼らがよく行くショップでは、不思議な表示を見かけます。

たとえば、定価7000円のジャケットを40％引きで売るときに、「定価7000円」の表示タグに「40％オフで4200円！」と全部書いてあります。

以前は「40％オフ」だけしか書いてありませんでした。「40％オフなら、定価に0・6を掛ければ値段が出る」ということくらい、みんなすぐにわかったからです。

ところが、彼らは、その頭がなかなか働かないのです。これは大問題です。

一般的なビジネスでは、お金の交渉がつきもの。「15％割引のところを20％まで引けませんか？」と言われて、いちいちスマホのアプリで損益ラインを計算しているようでは「使えない」人になってしまいます。

美容師さんが毛染めの薬剤を混ぜるときにも割合は必要だし、タクシーの運転手さんも、「時速80キロで1時間かかる距離だけど、60キロしか出ていないから1時間20分はかかるな」と瞬時に計算しています。

これらは、読み書きそろばんくらいに大事な概念。子どもの将来を考え、なんとしても身につけさせておきましょう。

［算数］6

「割合」には「読解力」が求められる

割合は算数ではないから難しい

「割合」「速さ」「比」の中で、とくに小学生にとって難しいのが「割合」です。

それは、**もはや算数ではないからです。**たとえば、円周率に関する問題は「3・14」という半端な数字を用いなければなりませんが、あくまで計算ができれば解いていけます。

ところが、割合の問題は**日本語の読解力や記憶力が必要になります。**

「1個150円のリンゴを20個、30％引きで買いました。合計いくら支払いましたか」という問題に対して「30％引きで買ったということは、定価の70％分支払ったんだな」と思い至らないといけません。ここでまず読解力が試されます。

その上に、「70％とは7割である」ということも覚えておかなければなりません。それができていない子は「0・7」を掛けなければいけないところに「70」を掛けたりします。

読解力や記憶力が必要な「割合」は、小学生の子どもにはとっつきにくい分野です。

［算数］7

「速さ」には「図解力」が必要となる

そもそも「読解力」と「可視化力」がなければ考えられない

算数に限らず試験の問題文は日本語で書かれています。まず、それを**読み解く力**が必要です。加えて、「速さ」に関する問題は、それを**可視化して図にする能力**も必要になります。

たとえば、「A地点から西へ時速60キロメートルでスタートした車を、A地点から東に5キロメートル離れたところから15分遅れて西に向けて出発した車が時速80キロメートルで追いかけた場合、何分後にA地点から何メートル離れたところで追いつくか」といったことが問われたとき、そもそも、読解力がない子どもは問題文をしっかり頭に入れるまでに時間がかかります。

そして、この問題を解くときには、その手助けとして左ページにあるように2台の車の状況を図に落とし込むことが必要になります。

中学入試の算数は、「速さ」についてこのように状況を図解する能力が必須ですが、複

図表7｜速さの問題は図にして「可視化」する！

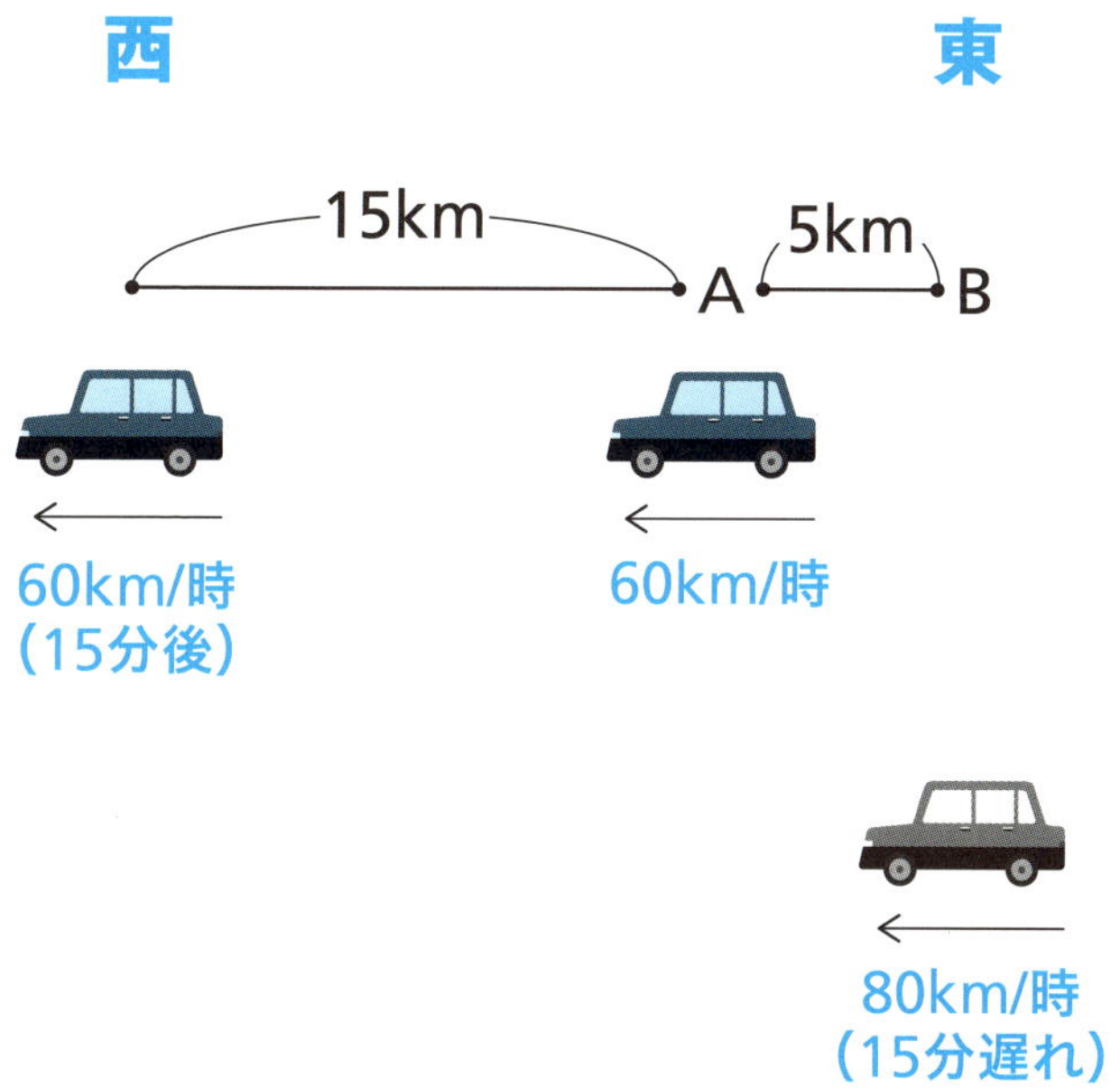

雑になって理解できない子が出てしまうために、公立小学校の授業では深く触れません。

だからこそ、どこの塾でも力を入れており、VAMOSでは、あえて問題文を長くし、ややこしくした「速さ」の問題を解かせています。たとえば、こんな感じです。

「A君は7時15分に家を出て、時速4キロメートルで歩いて学校に向かっています。出発して6分後に忘れものに気づき、一度家に戻りました。家で2分過ごして、またすぐに出かけて歩いていると、5分後にお父さんの車が時速60キロメートルでA君を追い抜いていきました。お父さんは何時何分に家を出たでしょうか」

大人でも相当、難しいでしょう？　でも、慣れればできます。

中学受験に備えて、問われている内容を図にする能力を身につけている子と、公立小学校から公立中学へと受験せずに進学している子では、**「可視化して考える力」**に大きな差がついてしまいます。

2020年度以降、大学入試のあり方が変わってきます。どこの大学でも、**公式どおりに解く能力ではなく、「問題を読んで考える力」が問われるようになっていきます。**

中学受験をするか否かにかかわらず、こうした問題にチャレンジしておきましょう。

［算数］8

すべての算数は「比」に通じる

この道具があればなんでもできる「算数界のスマホ」

たとえば、時速60キロメートルの車と時速100キロメートルの車があったとしましょう。同じ時間で進める距離は3：5です。一方、同じ距離を進むためにかかる時間は5：3です。

前者はすぐにわかっても、それがすぐに後者につながるかどうか。それによって、算数ひいては数学の問題を解く能力に大きな差がつきます。

実は、**すべての算数の問題は「比」に行き着く**と言っても過言ではありません。

179ページにあるような天秤の問題は、その最たるものです。「比」の概念さえわかっていれば短時間で解けますが、それがないと、いちいち1つずつ重さと濃さを掛け合わせていかねばなりません。

ほかにも、図形の面積を考えたり、物質の密度を扱ったりするときなど「比」の概念が不可欠になります。

このように、中学入試はもちろんのこと、高校や大学へ進んでからの数学でも絶対に使う必須の道具が「比」です。**この道具さえあれば、たいていのことはできるという「算数界のスマホ」のような存在です。**

逆に、持っていなければ完全に取り残されます。理系の能力が必要とされることが多い男の子なら、なおさらこの「スマホ」は必須です。

図表8｜「比」の概念さえわかっていれば簡単に解ける!

問題

2%の食塩水80gに違う濃さの食塩水280gを加えたら
9%の食塩水ができました。
加えた食塩水の濃さは何%ですか？

解説

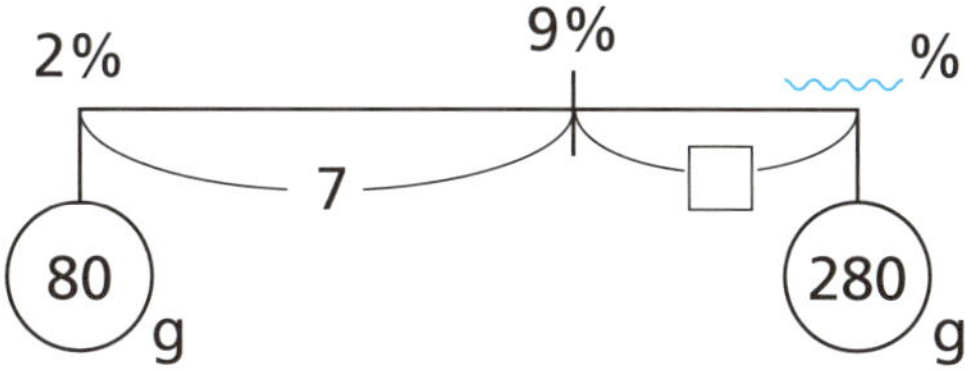

$80 \times 7 = 280 \times \square$

$\square = 2$

よって、$9 + 2 = 11\%$

［国語］1

読解力も「単語」から始まる

日常会話の中で「多様な語彙」を使う

男の子の親御さんからは、国語の読解力について心配する声がよく聞かれます。

読解力が欠如している大きな原因は**語彙不足**にあります。そして、子どもたちの語彙はどんどん減っていると痛感しています。「大みそか」という言葉を知らなかった子どももいるくらいです。

英単語を知らなければ英語の文章を読むことができないように、**日本語の語彙が少なければ長文読解は無理なのです。**

私たちの世代は、祖父母と接する機会も多く、いろいろ古い言葉も耳にして育ちました。棋士の藤井聡太さんは、若いのにとても語彙が豊富で驚かされます。おそらく、自分よりもはるかに年上の人たちと会話を交わす機会が多いからでしょう。

しかし、核家族化が進み、ゲームばかりしている今の子どもたちは、口数は多かったとしても、使っている言葉がとても限られます。

そこでお願いしたいのは、**もっと子どもといろいろな分野について、多様な言葉を使っておしゃべりしてほしいということです。**上から目線になる必要はありませんが、大人の話すいろいろな言葉を子どもに聞かせてください。

また、日頃見ているテレビ番組や漫画も、ちょっとずつレベルを上げていくといいでしょう。たとえば、『ポケモン』や『妖怪ウォッチ』を読んでいる子なら、『キングダム』にしてみるとか。『仮面ライダージオウ』や『怪盗戦隊ルパンレンジャーVS警察戦隊パトレンジャー』を見ている子なら、『サザエさん』にしてみるとか。すでに『サザエさん』はクリアしていたら、もう少し対象年齢層の高いドラマにしてみるのもいいでしょう。

こうしたことで「これまで知らなかった言葉」を耳にした子どもは「○○ってなに？」と聞いてくるはずです。そのときに、ぜひ正しい知識を与えてください。もし、自信がなかったら、**子どもと一緒に辞書を引いてください。**子どもが興味を示したら、**「こういう言い方もあるんだって」と関連した言葉についても話してみる**といいでしょう。

もちろん、嫌いなものを無理に与えては逆効果ですので、興味を持ちそうなものの中から、少しでもレベルの高い言葉が使われているものを選んでみてください。

[国語] 2

「音読」させると読むスピードが上がる

国語の基礎力は、解く力より「読む力」

中学入試に限らず、今後待ち受ける大学入試でも、教科を問わずに問題文が長くなる傾向にあります。とにかく、長文を読むことに対する慣れが必要です。

国語の勉強で大切なのは、問題を解くことよりも、**長い文章をたくさん読むことです。**

とくに、男の子は普段からあまり読書をしないので、なおさら「読む」訓練をさせたいところです。ただし、難しい本を与えると拒絶感が先に立って逆効果です。最初は、子どもがすすんで読みたがる内容のものがいいでしょう。たとえば、野球が好きな子どもなら、有名選手の手記や、野球の解説書でもかまいません。

大事なのは、それを**親の横で音読させる**ことです。

なぜ、黙読ではなく音読させるかというと、それによって文節の区切りが正しく理解できているかどうかがわかるからです。

私の見る限り、今の子どもたちは文節の区切りがおかしく、言葉をチャンク（塊）で把握できていません。

たとえば、「私はこれからスーパーにリンゴを買いに行きます」という一文について、文章を読み慣れない子は「私・は・これから・スーパー・に・リンゴ・を・買い・に・行きます」と、いちいち目が止まってしまうので時間がかかるのです。

ただ、これは目で追っているからであって、音読させれば、普段自分が口にしている会話と照らし合わせて、「私は・これから・スーパーに・リンゴを・買いに行きます」と文節を区切って読めるようになっていきます。

音読でそれができるようになれば、黙読でも同じように読めるようになります。それによって読むスピードが上がっていくために、限られた時間の中で勝負する試験にも強くなります。

英語の学習にも、「リスニングも読むことから」という考え方があります。今は、とにかく教材を聞くタイプの方法が流行っていますが、読むことは大事なのです。実際に、ひたすら英文を音読し、それが速くできるようになれば、聞く力も備わっていきます。

[国語] 3

社会の「複雑さ」に疑問を持たせる

東大生も読んでいる「社会性を養う最強の教科書」

2018年度の開成中学の入試では、国語の長文問題に、こんな一家が登場しました。大黒柱として働いているのは、バリバリのキャリアウーマンであるお母さん。お父さんは売れない画家で主夫。でも、デイトレードで少しお金も儲けている。子どもたちの幼稚園の送り迎えはお父さんの役割で、先生やママ友とも楽しそうにやっている。それを見て疎外感を感じ、「このままでいいのか」と悩むお母さん。それでも、それが我が家のあり方だという結論にいたる。

キャリアウーマンが主人公で、「主夫」「デイトレード」「ママ友」といった現代社会を象徴するキーワードがてんこ盛りです。

しかし、実際に開成中学を受験する子どもの家庭を考えてみると、父親はたいていエリートです。母親がキャリアウーマンである確率は高いかもしれませんが、少なくとも、父親が売れない画家で主夫をしているケースなど、ほとんどないはずです。それを学校側はよくわかった上で出題しています。

つまり、ここでは、**日頃接する機会の少ない人々の気持ちをいかに文章から読み取ることができるか**が問われているのです。**社会性、大人力を問われている**と言い換えてもいいでしょう。

いじめ問題にしても、これまでは「いじめはいけない」という文脈が理解できればよかったのですが、これからは、**その原因をつくりだす社会現象**にまで広く目を向けられる子どもが求められているわけです。

生活保護、難民、ＬＧＢＴ、ブラック企業、インスタ疲れ……、ほかにもいろいろ考えられますが、こうした社会的テーマがどんどん取り上げられるようになっていきます。

しかし、男の子は自分の興味のあることにしか思考を向けませんから、日々の会話の中で、親が意識的に話題にしてください。

あるいは、社会的テーマを扱った漫画を与えるのもいいでしょう。東大生の読書歴を調べると、彼らは漫画も非常によく読んでいますし、開成中学に合格した子どもたちへのアンケート調査では、読んでいた本の3位に『宇宙兄弟』が入っています。そのほか、『インベスターＺ』『健康で文化的な最低限度の生活』などもすすめたいところです。

[国語] 4

「正しい日本語」を速く書き写す練習をさせる

ひたすら書き写すだけで国語力はアップする

国語に限りませんが、中学入試は問題が日本語で出されるだけでなく、答えも日本語で書くことが求められます。つまり、高い点を取るためには、**正しく表記すること**も非常に重要です。

ところが、おかしな流行り言葉を使ったり、スマホの変換機能に頼ったりしているせいなのか、正しい日本語を書ける子どもが少ないのです。

もっとも、それは小学生だけの問題ではなく、大学生も同様です。就職活動に必要なエントリーシートすら正しい日本語で書けない人が多く、それらの添削で儲けている会社もあるくらいです。

VAMOSでは、正しい日本語を書ける大人に育ってもらうために、正しい文章をひたすら書き写す学習を取り入れています。

「着ていく服を『どれにしようかな』と迷っていたら、時間がなくなって朝食を食べられませんでした。そのため、私はすでに空腹に耐えかねています。」

たとえば、こんな文章をそのままそっくり書き写させると、読点が抜けていたり、かぎかっこを無視したり、漢字で書かれているところを勝手にひらがなにしたり、「食べられる」を「食べれる」と「ら抜き言葉」で書いたりする子が必ずいます。

一方で、**こうした間違いをせずに速く正しく書き写せる子どもは偏差値も高いのです。**

最初は2行くらいの文章から始めて、できたら3行、4行と増やし長くしていく練習をVAMOSでは毎日やっています。

これは、家庭でも簡単に取り入れることができます。国語の教科書に載っている文章でもいいですし、新聞や雑誌から抜き出しもいいでしょう。

普段から、日本語を正確に書き写す練習をさせると、国語力がアップするだけでなく、点につながる解答が書けるようになります。

［国語］5

主語・述語を意識したトレーニングをさせる

見本なしの作文は文章力をさらに伸ばす

文章を正しく書き写す練習と同時に、見本なしでいきなり書かせる練習もします。テーマを与えて簡単な作文を書かせたり、ある状況について文章で説明させたりするのです。

たとえば、スーパーの売り場で店員が惣菜に割引シールを貼っている写真を見せ、「これを5行くらいの文章で説明して」と言うと、たいていの子はまったく文章になりません。頭では状況をわかっていて、会話でなら説明できるのですが、文章にはできません。というのも、**そもそも主語・述語の関係をしっかり押さえられていないのです。**

どんな長文であれ、主語と述語がある1つの文が連なっているという構造が基本なので、1つひとつの文章を正しく書けることがとても大切です。

書き写す練習でもそうですが、見本なしで書く文章についてはなおさら、主語と述語を意識させ、おかしな場合は直してあげてください。

[国語] 6

長い文章はマクロでつかめるようにする

長文で「推察しながら読む力」を身につける

中学入試で出される国語の長文読解は、年々長くなっています。

とくに男子校ではその傾向が強く、近年では、およそ6000〜1万字程度の長文を読まされます。

レベルが高い中学ほど長文であることが多く、しかも大問題が1つだけというケースがしばしば見られます。その問題しか出ないのだから、それが読めなくてはまったく勝負になりません。

こういう問題に挑むときに求められるのが、**マクロで読む力です**。細かい分析はさておき、**大きな流れをつかむ**のです。

途中でわからない記述があったときに、そこで止まっていたら時間切れになってしまいます。その不明点は置いておき、読み進めて文章の全体像をしっかりと理解する必要があります。

少しくらいわからないことがあっても推察しながら読み進める力は、普段から長文に触れていないとなかなか身につきません。

読書嫌いの男の子にはしんどい作業ですが、だからこそ、それをやっているのとやっていないのとでは大きな差がつきます。1日10分程度でもかまわないので、小説などを読む習慣を持たせるようにしましょう。

[理科] 1

理科には算数・国語・社会のすべてが入っている

問題を解くにはオールラウンドな基礎力が必要

小学校の頃は「理科」と1つにまとめられていますが、その内容は「物理・化学・地学・生物」に分かれます。それぞれ異なる分野なのに、それがひとまとめにされているのが理科。しかも、**理科には、算数・国語・社会の要素がすべて詰まっているため、小学生にとって勉強するのが最も難しい教科でもあります。**

まず、理科の問題には長文が多いですから、国語の読解力がなくてはどうにもなりません。もちろん、計算が必要な問題も出ますから、算数の能力も必須です。さらに、植物や昆虫の名前を覚えたり、地層について考察したりすることは社会の学習に近いです。

このように理科は、専門的なようでいて、実はオールラウンドな教科なのです。

［理科］2

理科では2つの学習能力が求められる

「暗記で解ける」と「因果関係を答える」の違いを知る

理科には大きく分けて、**暗記しないと解けない問題**と、**因果関係を理解しないと解けない問題**があります。星座の名前、花の名前、昆虫の名前……あるいはそれらの特徴など、覚えていなければいくら考えても解けません。

一方で、浮力、電流、てこなどに関する問題は、「Aという部分にかかった力がBやCに影響する」という因果関係が理解できないと解けません。こちらは、公式に当てはめて計算していく算数の能力が必要になります。一般的に女の子は前者が、男の子は後者が得意であり、実際の入試で問われるものにも同様の傾向があります。

ただ、**これら2つの分野は脳の使い方も含め、まったく違った学習能力が求められるので、自分の子どもはどちらの分野が苦手なのかをつかんでおくことがとても大事です。** さもないと、理科の成績でかなり伸び悩むことになりかねません。

[理科] 3

暗記のコツは多くの角度から量をこなすこと

「文字記憶」と「視覚的記憶」をしっかり結びつける

理科の暗記分野は、暗記する対象自体は社会ほど多くはありません。

しかし、出題の角度が多岐にわたるので、社会とは違った暗記能力が求められます。

たとえば、「カブトムシの足は何本ですか?」という問題には、「6本」と覚えていれば答えられます。

一方で、いくつかの写真を並べ、「このうち、カブトムシの足はどれですか?」と聞かれたら、文字記憶だけでは太刀打ちできません。

理科では、文字記憶と視覚的記憶が結びついていることが必要なのです。しかも、その視覚的記憶が必要となる問題については、写真が使われることも、図が使われることもあります。

いくつかの植物を挙げて「根を食べるもの、花を食べるもの、実を食べるものに分けなさい」という問題がよく出題されますが、それが「さつまいも」「ブロッコリー」「カボチャ」など文字で出てくることも、実物の写真で出てくることも、断面図で出てくることもあります。

ですので、**文字情報、写真情報、図解情報と3つの異なる角度から覚えていかなければなりません。**

これらは、別々にせずに、まとめて覚えるのが効率的です。

［理科］ 4

理科は男女で求められることが違う

男の子の点数は理科で大きく差が開く

理科ほど、男女で求められるレベルが違う教科はありません。**男の子の理科は、女の子の数倍、難しい**と考えていいでしょう。

理由の1つには、理科には計算など算数の要素が強いことがあります。もともと、男の子のほうが算数好きの傾向があるため、論理的な思考力が必要とされる分野ではそれが反映されます。

加えて、暗記分野でも男の子のほうが有利です。というのも、**理科という教科で扱う内容自体に、男の子は興味が持てるからです。**

たいていの男の子は昆虫好きで、カブトムシを自分の手に取って裏返し、足を数えたりすることを楽しいと感じます。一方、女の子はそんなことは大嫌い。気持ち悪くて昆虫図鑑も見たくないという子が多いのです。理科については、男の子と女の子では到達点を変えて考えたほうがいいでしょう。

灘中学校の入試の理科は、東大生でも半分も解けないといわれるほどの難問が出ます。男子校は、総じて理科は難しいため、**男の子は理科で差がつく傾向にあります**。だから苦手では済まされません。

一方、女の子の理科は、そこそこできていればOKと考えていいでしょう。

とはいえ、男子校や女子校はもちろんのこと、共学校であっても男女別に合格者数は決まるわけですから、結局は男子は男子同士、女子は女子同士の争いになります。だから、「理科ができる」のは大きなアドバンテージになります。

[理科] 5

「思考力」「分析力」「観察力」が必要

男の子同士の競争に打ち勝つための3つの力

男の子の理科には、**思考力、分析力、観察力の3つの能力**が求められます。次ページにあるのは、暁星中学校の理科の入試問題です。なんと、ゴキブリの話です。

この問題では暗記力はほとんど必要とされず、前半では、いかにゴキブリなどの昆虫を観察しているかが問われます。後半は、「ゴキブリ捕り器」をどのように設置したら、最もゴキブリを捕獲できるかを聞いています。

しかも、実験データを分析しながら考えていかなければなりません。

もともと理科が得意な子どもは、仮説を立てて実験して結果を検証するという一連の作業が好きですが、そうでない子にとって、このゴキブリ問題はかなりやっかいです。

この問題を見て、多くの子どもは「こんなの習わなかったよ」と言います。しかし、**思考力、分析力、観察力があれば、習っていなくてもこのタイプの問題は解けるのです。**

数日すると虫の体から（B）が出てきて捕り器の内部が汚れてくる。すると急に幼虫が多数かかるようになる。やがてすべてが飢え死にする」という経過をたどる場合が多いことがわかりました。

そこで次のような実験を行いました。①：「捕り器」にかかった生きた成虫を，虫の体を傷つけないように注意しながら台紙ごと切り抜き，図3のように新しい「捕り器」の中央の位置にエサのかわりに貼りつけたものを用意します。同様にして，②：死んだ成虫を貼りつけたもの，③：虫の体から出た（B）だけを台紙ごと切り抜いて貼りつけたもの，④：通常のエサをつけたものをそれぞれ用意し，同じ条件下でゴキブリが何匹くらいかかるかを調べ，その結果を表1にまとめました。

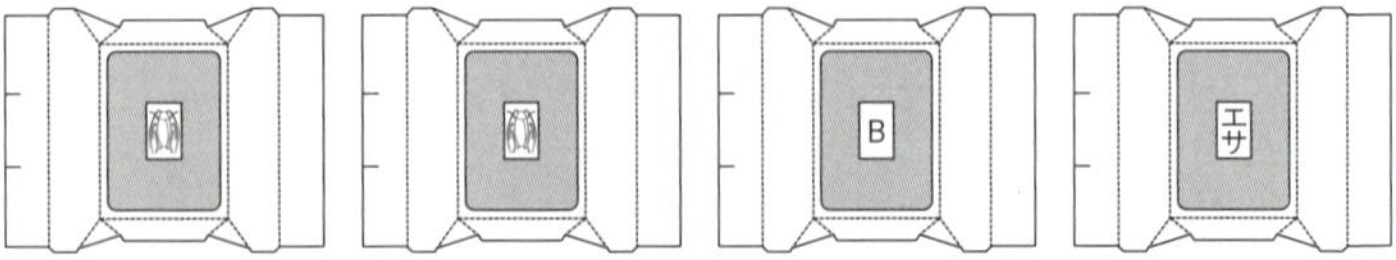

①成虫（生体）　②成虫（死体）　③ある物（B）　④通常のエサ

図3

表1

「エサ」の位置につけたもの	かかった成虫	かかった幼虫
①成虫（生体）	△	△
②成虫（死体）	×	×
③ある物（B）	○	◎
④通常のエサ	○（基準）	○（基準）

※表中の印の意味：通常のエサをつけた④にかかった成虫と幼虫の数を基準として，はじめの3日間で，
○印：同じくらいの数がかかった
◎印：明らかに多数がかかった
×印：はるかに少数またはゼロ
△印：はじめの2日間はゼロだが，その後急に多数がかかるようになった

（5）表1の結果から，ゴキブリ（特に幼虫）は，ある物（B）に含まれる何かに引きよせられる性質があることがわかります。文中の（B）は何だと考えられますか。

（6）生きた成虫を用いた①の場合，はじめはかからないのに後から急にかかるようになる理由を説明しなさい。

（7）ゴキブリは，「1匹見たら40～50匹いると思え」などと言われます。それが成虫だったらホラー映画のようにゾッとしますが，実際にはほとんどが幼虫（若虫）です。「40～50匹」という定まった数になっている理由は何でしょうか。簡潔に説明しなさい。

平成27年度暁星中学校

（問題文の一部を編集して本書用に改変しています）

図表9｜思考力・分析力・観察力があれば解ける問題の例

虫好きの人々にとっても「嫌いな虫」があるようで，やはりゴキブリが一番だそうです。飲食店などで見かける小型（2cm以下）で淡褐色のチャバネゴキブリや一般家庭に出没する大型（4cm位）で黒褐色のクロゴキブリをはじめ約40種が日本に分布しています。普通の人は観察することなく素早くたたきつぶしてしまいますが，図1はクロゴキブリを上から見た姿を表しています。以下の設問に答えなさい。

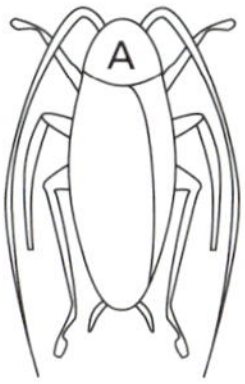

図1

（1）ゴキブリは昆虫類なので，体の構造が頭・胸・腹の3部分に分かれているはずですが，図1では2つの部分にしか見えません。図1中のAの部分は何にあたりますか。Aを頭部だと思う人は胸部がどうなっているのかを，Aを胸部だと思う人は頭部がどうなっているのかを説明しなさい。図に描いてもよいものとします。

（2）ゴキブリは卵からふ化後，成長して数回の脱皮をくり返した後，「さなぎ」の段階をへずに羽化して成虫になります。このような昆虫類の成長の仕方を何と言いますか。漢字5文字以内で答えなさい。

（3）（2）のような成長の仕方をする昆虫として正しい組み合わせを次のア～オから1つ選び，記号で答えなさい。

ア．トンボ・アリ・ミツバチ　　イ．スズムシ・カイコ・アゲハチョウ
ウ．カブトムシ・テントウムシ　　エ．コオロギ・カマキリ・セミ
オ．バッタ・ハエ・カ

（4）（2）のような成長の仕方をする昆虫の幼虫（若虫）と成虫の外見上の違いの1つは，虫の体の大きさですが，もう1つ，虫の体のある部分にはっきりとした違いがあります。その違いを説明した次の文中の□に適する語句を答えなさい。

説明文：成虫には□があるが，幼虫にはそれがない。

ゴキブリを捕《と》る商品の1つに「ゴキブリ捕り器」があります。図2のようにボール紙を折った「家」の形をしていて，開いてみると図2のように内部に粘着剤が塗ってあり，中央部にゴキブリの好むにおいを発する「エサ」の袋を置いて引きよせる仕組みです。殺虫剤は含まれていないので，ゴキブリは粘着剤にくっついたまま数日間を生きた後，飢《う》えと渇《かわ》きで死にます。

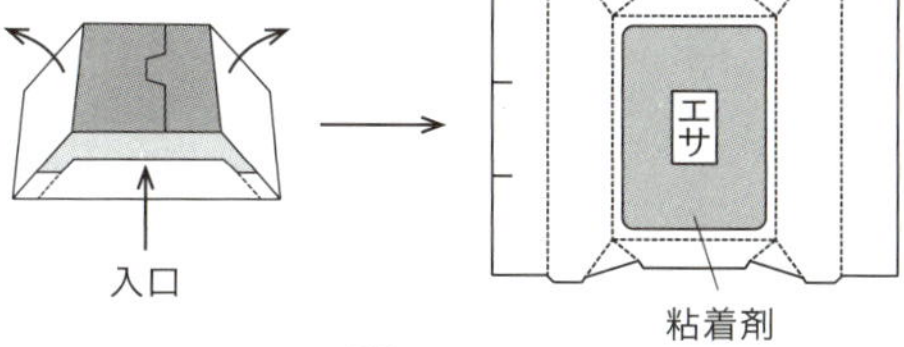

図2

ゴキブリが多数出没する場所に「捕り器」を仕かけて毎日点検すると，「はじめに成虫が1，2匹かかる。しばらくは生きているので，

[理科] 6

日常の中で感じた疑問を一緒に調べる

自然科学への好奇心を喚起して3つの力を磨く

灘中学校の入試教科に社会はありません。その代わりに、理科の難しさは突出しています。あとからでもなんとかなる社会のような暗記中心の教科の力よりも、理科的思考力のある子どもを、灘では求めているということでしょう。

実際に、その子が、小学校でどのくらい自然科学の力をつけてきたかを見るには、理科が最も適していると言えます。

男の子にとって、理科でどのくらい点数を取れるかは、希望校の合格ラインを決める重大事項。男の子の親としては、子どもに理科好きになってもらうしかありません。

そのために親ができることは、「理科を好きになれ」と言うことでも、難しい参考書を買い与えることでもなく、**好奇心を喚起することです。**

「ポップコーンってなんではじけるの?」

「原子力発電所って、どうして危険なの？」

「桜はどうして、咲いてすぐ散ってしまうの？」

こうした疑問が浮かんだとき、その子の頭は理科的思考の入口にあります。適当に聞き流すことなく、「どうしてだろう。一緒に調べてみようよ」と応じてあげてください。

あるいは、親のほうから、疑問を投げかけてもいいでしょう。

「今日も雨か。どうして梅雨ってあるんだろうね。一緒に調べてみようか」

「なんで洗剤で洗うと食器の油汚れが取れるんだろうね。一緒に調べてみようか」

このように、思考力、分析力、観察力を磨くネタはあちこちに転がっています。とくに、

父親からの声かけは、男の子の興味を喚起するのに有効です。

［社会］1

歴史はストーリーで覚える

入試問題は「流れ」を押さえていないと対応できない

社会の歴史問題については、**用語を1つひとつ暗記するのではなく、流れのあるストーリーとして把握することが大事です。** 漫画でもいいので、子どもが少しでも興味を示しやすい材料を与え、歴史をストーリーで大きく捉えてもらいましょう。

実際の中学入試では、純粋な暗記問題がまだ6割以上を占めているものの、その割合はだんだん減ってきており、もっと大きな視野で世界を見ないと解けない問題が増えてきています。

２０１５年度の海城中学校の社会の入試では、ブラジルのアマゾン川の話に始まって、ブラジルの特産品、日本人移民による開拓、アグロフォレストリーの話題にまで広がり、そこからさらに結びつけて、日本の河川、外国船渡来の歴史など、さまざまな内容が展開される問題が出ました。

このような問題では、「ブラジルの首都はブラジリア」「ブラジルの公用語はポルトガル語」などと覚えるだけでは解けず、**ストーリーで大きな流れを把握しておかないと対応することができません。**

子どもに、ストーリーとしての歴史に興味を持ってもらうためには、テレビも役に立ちます。NHKの大河ドラマも、その入口としてはいいでしょう。ほかにも歴史上の事件などを扱ったテレビ番組には、よくできていて興味深いものがたくさんあります。

ただ、それらは1つの時代や人物にフォーカスしているだけに、時間をかけて見た割には、得られる知識は多くありません。あくまで興味を喚起するために用いるのに留め、やはり最終的には全部とおして学べるような教材が必要です。

歴史を漫画で学ぶための定番ものとして、角川まんが学習シリーズ『日本の歴史』(全15巻)があります。ただ、いくら漫画といっても、歴史好きの子でないと最初はハードルが高いかもしれません。

ほかにも、『風雲児たち』『風光る』『NHKその時歴史が動いたコミック版』などはおすすめです。

［社会］2

小学生は暗記から逃げられない

固有名詞を知らないとストーリーも理解できない

大きな歴史の流れを捉えなければ解けない問題が増えてきているとはいえ、中学入試の社会は、**暗記問題が6割以上**を占めています。また、歴史漫画などを読むにしても、固有名詞がわからないのではチンプンカンプンで嫌になってしまいます。

私は高校時代に古文が苦手で、『源氏物語』を理解するために大和和紀さんの漫画『あさきゆめみし』を読んでみたのですが、そもそも基本的な知識があまりにも乏しかったので、結局よくわからずになんの解決にもつながりませんでした。

一方で、私の友人は同書を読んで、「知識として知っていただけの世界をリアルに感じることができた」と感動していました。

そういう意味でも、暗記は大事です。**社会の暗記事項は、算数の「九九」のように今後の学習における絶対的基礎になるものです。**

［社会］3

覚えるコツはできる方法をすべて使うこと

「書く」「話す」「見る」「聞く」と得意な暗記手法は違う

小学生が、人生ではじめて真剣に「覚えなくちゃ」と取り組むのは算数の九九。その次が、都道府県名や歴史上の人物などの社会の項目です。

九九を覚えるときに、あなたもおそらく、今の子どもたちと同様「にいちがに、ににんがし、にさんがろく……」と念仏のように唱えたことでしょう。大人になってから振り返ると「なんで書かなかったんだろう」と不思議ですが、九九を覚える低学年の頃は、文字を書くのも遅いし下手だし非効率的なのです。

でも、高学年になってくれれば書く練習もやっているわけですから、**口に出してよし、書いてよし、見てよし、聞いてよしと、さまざまな方法で視覚や聴覚など訴えながら覚えることができます。**

VAMOSには、ノートはほとんど使わず、なんでも一冊の教科書に書き込んで覚える生徒もいます。ごちゃごちゃでとても乱雑なのですが、**それが本人にとって一番覚えやすいやり方なのだから、それでいいのです。**

子どもにいろいろ試させて、そこからその子の得意なやり方を見いだすといいでしょう。

ちなみに、VAMOSでは、小学6年生に対し「1467」「1929」とアトランダムに講師が西暦を口にして、その年にあったことを1〜2秒で答えさせる訓練を、毎日100問やっています。100問やっても15分もかかりません。

この方法も、家庭で簡単にできます。親が講師の代わりに年を言ってあげればいいのですから。

また、**「現地に連れて行ってあげる」**というのも効果的です。単純に机の前で都道府県名や県庁所在地を覚えるよりは、実際にその場で県庁を見たほうがインパクトは強くなります。もちろん、城や史跡をたどってみれば、子どももそれだけ社会という教科に興味を抱きやすくなります。

理科の分野でも実体験は重要ですが、社会でのそれは、より親が手を差し伸べやすいと言えます。

［社会］ 4

大事なのは「自分の字」で漢字で書くこと

正しい漢字で覚えないと点数にはつながらない

感覚をフル活用して覚えたことも、書けなければ意味がありません。

茨城県、滋賀県、札幌、那覇……都道府県名や県庁所在地をいくら知っていても、それを解答用紙に漢字で正確に書けなければダメなのです。

西郷隆盛、井伊直弼、壬申の乱、廃藩置県……人物名も事件名もすべて同様です。とくに歴史問題においては、**いくら耳や目で知っていても、それを漢字で書けなければ点数につながらない**と肝に銘じてもらう必要があります。

私たちの頃と比べ、ＩＴを手にした今の子どもたちは、検索能力は格段に高くなっています。だから、歴史上の事柄について「そのことは知っている」と認識している子どもは多いのですが、実際には書けなくなっています。

なんとなく文字は頭に浮かんでも、横線が一本足りないとか、シメスヘンにすべきところがコロモヘンになっているなど、正確ではないのです。

ちなみに、数年後には大学入試でパソコンが使われるようになり、そうなれば解答もキーボード入力で行われるでしょう。しかし、文字変換がどこまでなされるかはわかりません。それに、時間が争われる中で文字の選択に悩んでいれば遅れを取ります。

いずれにしても正しい漢字で覚えることは必要で、**その時期は早いほどいいのです。最初から徹底して、正しい漢字で書くことを追求しましょう。**

こうした習慣は、普段の生活からも身につきます。家族間のやりとりも、スマホのラインだけでなく、自分の字で書くメモなども活用しましょう。そして、ちょっとしたメモを残すのでも、できるだけ漢字で正確に書くクセをつけさせましょう。

そのためには、両親のあり方も問われます。普段から親がいいかげんな文字を書いていたら、子どもも「それでいいのだ」と思うでしょう。

［社会］ 5

「歴史」「公民」よりも、実は「地理」が一番大変

普段から地球儀や地図が身近にある環境をつくる

小学校の社会は、内容的には歴史、地理、公民に分かれています。この中で、「堅苦しくて小学生には難しい」と考えられがちなのが、政治や経済を扱う公民です。しかし、公民は試験に出る範囲がだいたい決まっており、それを覚えてしまえばＯＫなので、実は攻略しやすい分野なのです。

一方で、**一番簡単そうに思える地理こそがくせ者です。**というのも、あまりにも覚える範囲が広く、また、出題方法もいかようにもできるからです。

たとえば、東海道新幹線こだま号の停車駅を答えさせたと思ったら、中東問題に飛んでシリアの場所を尋ねたりという具合に、広い地球のあらゆることが問われます。

これらを「覚えなければいけない」と思うと、子どもにはストレスがかかってしまいます。

普段から地球儀や地図を見て、親子で楽しい会話が交わせる環境を整えてあげましょう。

［社会］6

時事問題は「家庭のあり方」が反映される

合格するのは、頭のいい子よりも「好奇心の強い子」

最近の中学入試では、歴史、地理、公民それぞれの分野に**「時事問題」**を絡めて聞いてくるケースが増えています。鹿児島が大河ドラマの舞台になった年は、鹿児島の特産品や歴史上の人物などを問う問題があちこちで出されましたし、オリンピックやサッカーのワールドカップなど大きな大会があれば、その開催国にまつわる問題が増えたりします。

今後、大学入試などでも、古い歴史に関する問題は減っていき、今を生きる私たちに直接関わってくる時事問題が増えていきます。**自分たちの身近な問題に目を向けられる人間性が重視されるようになってきている**のです。

そういう意味で、その学校がある地域についての問題を出す学校も増えています。たとえば、神奈川県横浜市にある聖光学院の社会の問題の2割は、神奈川県や横浜市について聞いてきます。公立小学校の教科書には出てこない知識が問われるわけですが、

「自分が通いたい中学校がある地域のことはよく勉強してきてね」と求めているわけです。

開成中学校も、所在地である東京都荒川区にまつわる歴史問題、社会問題を聞いてきます。いずれにしても、最近の中学校は**「世の中のことに興味も持たずに机にかじりついて勉強ばかりしてきたような子どもはいらない」**という流れになっています。

もちろん、勉強はできなくてはいけないのですが、それにプラスして**社会性のある子どもを**、どこもほしがっています。「中学受験に受かる子はどんな子？」と聞かれたら、その答えは、頭のいい子よりも**「好奇心の強い子」**なのです。

「どこまでカバーすればいいのか」について考えるときりがありませんが、毎日のニュースで扱われているようなことは見逃さず、なるべく家庭で話題にし、子どもが知りたがったことは一緒に調べる習慣をつけましょう。

できれば、テレビの横に地球儀と地図を置いておき、ニュースで取り上げられている地域をその場で確認していくという作業をするといいでしょう。

NHKの『クローズアップ現代＋』を録画し、必要なところだけ編集して短くしたものを子どもに見せていた両親がいましたが、これも、手間はかかりますがいい方法です。

時事問題に子どもがどこまで対応できるかについては、**家庭のあり方がダイレクトに反映されると思ってください。**

学研まんが NEW日本の歴史

大石学総監修　学研マーケティング

全巻オールカラーの新定番。子どもが歴史を学ぶきっかけとして最適。

GIANT KILLING

綱本将也作　ツジトモ画　講談社

弱小プロサッカークラブの監督が主人公のサッカー漫画。題材はサッカーだが、子どもの気持ちを盛り上げるのに役立つ。

SLAM DUNK

井上雄彦作　集英社

日本スポーツ漫画史に残る金字塔的作品。モチベーションアップに非常に効果的。ただし、子どもがバスケットボールにはまらないように注意が必要。

宇宙兄弟

小山宙哉作　講談社

主人公と弟が宇宙を目指す、映画化もされた超人気作品。人間ドラマと学ぶことの大切さを子どもに教えることができる。

ちはやふる

末次由紀作　講談社

映画化もされた競技かるたを題材にした作品。子どもに百人一首を楽しく学ばせることができる。

図表10｜子どもにすすめたい漫画10

こちら葛飾区亀有公園前派出所

秋本治作　集英社

週刊少年ジャンプで1976～2016年まで40年間連載された不朽の名作。日本の戦後史をコミカルに学べる作品。

美味しんぼ

雁屋哲作　花咲アキラ画　小学館

1983年から連載が始まった人気グルメ漫画。社会・理科を含め多くの科学的・社会的な知識を学ぶことができる。

もやしもん

石川雅之作　講談社

肉眼で菌を見ることができる農大生の生活を描いた作品。子どもが生物・微生物に興味を持つきっかけを与えてくれる。

銀の匙 Silver Spoon

荒川弘作　小学館

北海道の農業高等学校を舞台とした学園漫画。生物・動物学的な知識を得ることができる。

NHKその時歴史が動いたコミック版

NHK取材班編　ホーム社

NHK『その時歴史が動いた』をコミック化した漫画作品集。真面目な内容だが面白く歴史を学べる。

第6章

自分から机に向かう子に変わる13の「勉強習慣」

グズグズしがちな男の子を激変させる仕組み

勉強はなにより習慣を味方にすることが大切です。集中力が続かず、気が散りやすい男の子に精神論で働きかけるのは逆効果。意思に頼らず、仕組みで自然と勉強に向かわせる工夫が必要です。本章では、家庭でできる時間管理や勉強の順序、環境のつくり方などの習慣術を解説します。

1

勉強は机に向かう姿勢で9割決まる

まず体を「勉強する型」にすることから

どこの塾でも同じでしょうが、その子の成績は後ろから勉強している姿を見ればたいていわかります。

成績が上がらない子は、**体が「勉強する型」になっていません。**そして、そういう子は圧倒的に男の子に多いのです。

よくありがちなのが、足をぶらぶらさせている子。しっかり集中するためには足は床についていなければならないのに、それができていません。なかには、靴を脱いだり履いたりしている子もいます。

また、肘を机につくのもNG。本来は、利き手で鉛筆を持ち、もう一方の手は紙を押さえていなくてはなりません。しかし、肘をつくことでそれができず、紙はぐちゃぐちゃ、文字も汚くなります。結果的に自分の字が読めず、0と6が区別できなくて計算を間違うということが起きるのです。

姿勢以外にも、見るところはあります。

男の子で机の上がきれいに整頓できている子はほとんどいません。机を消しゴムのカスだらけにしていたり、鼻をかんだティッシュを置いたままにしていたりするのは、周囲への関心が薄い証拠です。

女の子はまず、そういうことをしませんが、それは単に「女の子だから」ではなく、周囲がどう感じるかということを考えているからです。

前述したように、男の子に整理整頓を過剰に求めるのは無理ですが、**周囲への関心が薄いままでは、国語の長文読解で、著者の考えなどに思いを至らせることができません。**

きれいに片づけられているかということより、**子どもがどういう態度で勉強しているか**を確認して直してあげましょう。

2 動機づけより、「ルール化」を徹底する

勉強とご褒美をコインの表裏のように使い分ける

男の子は女の子と違って、小学生でも幼稚園児とあまり変わらない幼さがあります。だから、親も幼稚園児を相手にするくらいのつもりでいてください。

子どもが自ら勉強するようになるために、**最初は親がルールをつくってあげる必要があります。かつ、やったことに対してご褒美を伴わせると効果的です。**

たとえば、「勉強を1時間やったら、テレビを30分見ていいよ」と、勉強とテレビをコインの表裏のように用います。

もちろん、おやつでも漫画でもいいのですが、子どもが喜ぶことの前に勉強をセットして「勉強したら楽しいことがある」と刷り込みをしてしまうのです。

それにしても、どうしてここまでやらなくてはならないのでしょうか。

それは、「サッカーやりたい」「ゲームしたい」など、この時期の男の子の「望み」が、

勉強とは関係のないことが多いからです。

一方で、女の子の場合、「○○中学の制服がかわいいから着てみたい」といった具合に、今の学習態度と受験の動機が少なからずリンクしているのです。

男の子にもごく一部、「僕は医者になりたいから勉強する」というような子がいますが、これは非常にまれです。そうでないからといってがっかりする必要はなく、「男の子はそういうものだ」と思ってルールづくりに徹しましょう。

この時期の男の子に自主性を期待したりしないこと。とくに父親は、会社の部下に接するかのように「おまえは将来どうありたいんだ」と問い詰めたりしますが、**相手は幼稚園児レベルなのだということを忘れてはなりません。**

男の子は、いい目標になる兄がいるようなケースならいざ知らず、たいてい「○○になりたい」というものは持っていません。

無理に「動機づけ」するのはやめて、勉強をルール化してしまいましょう。

3 言い訳させずに、すぐにスタートさせる

親は上手に「ウォーミングアップ」の手伝いをする

男の子の「やる気スイッチ」を探してイライラしても仕方ありません。なにしろ、勉強するのは本人なのですから。

いつまでもグズグズしている男の子を見れば、「早く勉強しなさい」と言いたくなるでしょう。しかし、それを言えば、たいていこう返ってきます。

「今やろうと思っていたのに、言われたらやる気がなくなった」

だから、「勉強しなさい」は極力呑み込んで、**子どもを勉強へと誘導する仕組みをつくってしまいましょう。**

たとえば、机の上に5分くらいで解けるごく簡単な教材を並べておきます。簡単なので子どもはそれに手を伸ばし、解いているうちにエンジンがかかってきます。

あるいは、本人が好きな教科からやらせるのもいいでしょう。

男の子は、エンジンがかかりにくい半面、一度かかるとグワーッと進む傾向にあります。だから、「勉強しなさい」でエンジンを冷え込ませるよりも、**とにかく1センチでも動かすことを考えましょう。**

スポーツでも、ハードな練習は最初は誰もしたくないものです。でも、ウォーミングアップをして体が温まってくると、だんだんやる気も出てきます。それに、いきなりハードに動けばケガのもとですから、やはり「徐々に」が肝心です。

勉強も同じで、準備体操が必要です。最初は子どもが手を動かしやすいことから始めましょう。手を動かしているうちに頭の血も巡り出し、もっと難しい内容へと移行しやすくなります。親は、このウォーミングアップの手伝いをしてあげればいいのです。

4

「15分ルール」で差をつける

まとまった時間を取ろうとするとかえって勉強できない

小学生の子どもが集中できる時間は、せいぜい**20分くらい**と私は考えています。開成や灘といった最難関中学校でも、入試は長い教科で60～70分。最も優秀な子どもたちが臨む中学入試という最大の山場でさえ、それが限界なのです。となれば、普通の小学生なら、20分も集中できれば充分です。

だから、毎日の勉強時間も、**まとめて取ることにこだわる必要はありません。**

忙しいビジネスパーソンにとっては「すきま時間」の活用が重要だといわれていますね。これは子どもの勉強についても同様で、15分でも時間があれば勉強する習慣をつけると、ゆくゆく大きな差となって表れます。15分でもやれることはたくさんあるのです。

親の感覚では、「やるからにはせめて45分くらいは集中してほしい」と考えます。しかし、親の世代と違い、今の子どもたちは本当に忙しく、まとまった時間を取ろうとすると、かえって勉強ができません。

それに、長い時間やるとなると、子どもは億劫さが先立ちます。

「45分やらなくちゃ。嫌だなあ」とグズグズしていれば、あっという間に30分くらいムダにしてしまいます。それよりも、**気軽に取り組める15分を3セットやったほうがはるかに効率的です。**

そのときに、**「勉強を15分だけやったら次の予定がある」というすぐ先のゴールを見せておき、そこに誘導すると集中しやすくなります。**

「○○君、あと15分で夕ご飯ができるから、それまで勉強していて」

「おーい、○○。15分勉強したら、お父さんと一緒にお風呂入ろう」

こうして、子どもたちに15分の勉強習慣が身につくと、外出先でもちょっと時間があれば取り組めるようになります。

5

通学前の「15分」をルーティーン化する

習慣化するのも、朝が一番効果的

疲れが溜まってくる夕方よりも、朝の時間帯のほうが頭が冴えていい仕事ができるというビジネスパーソンは多いはずです。それは子どもも同じです。学校に行って6コマの授業を受け、さらに塾へ通って勉強してからよりも、通学前の朝の時間帯のほうが、**彼らの頭は冴え渡っています。**だから、**この時間帯に15分でいいから勉強させましょう。**

今は、親も共働きだったり、子どもは習いごとがあったりと、家族が確実に全員揃うのは朝くらい。その時間帯に15分、子どもの勉強に親が関わる時間を捻出してみましょう。

といっても、難しい問題を解かせる必要はありません。学校に遅刻することがないよう、漢字を30個書くとか、計算問題を3問解くといったようなことでOKです。

あるいは、朝のニュース番組を見て気になったことを1つ話題にして、そのことについて一緒に調べる時間を持つというのもいいでしょう。

6 男の子の勉強は大人の発想とは逆方向で

とにかく「目の前のタスク」をこなす習慣を身につけさせる

○○中学に合格したい。
そのためには、この学習教材を6年生の夏休みまでに終わらせたい。

そのためには、1日5ページずつやらなければならない。

このように、目標から逆算して、スモールステップに落とし込んでいくのが大人たちの信じる正しいやり方です。実際に大人たちは、この方法でいくつかの仕事を成功させてきています。

しかし、小学生の男の子は、**今自分がやっていることを現実の目標につなげることがなかなかできません。**そのため、最終的な目標をいくら意識させてもモチベーションは保てません。

そこで、発想を逆にします。

1日5ページずつ教材をやった。

そうしたら、6年生の夏休みまでに終わった。

そうしたら、○○中学に合格できた。

結果が同じなら、これでもいいわけです。

この流れを、結果につながる確かなものにするために、男の子には、ご褒美を活用しながら、**目の前のことを終わらせる習慣をつけさせましょう。**そして、適宜「進んでいる?」と声をかけてあげましょう。

「目標に向かって自発的に動いてほしい」という親の気持ちはわかります。しかし、**そもそも男の子が立てる目標は現実的ではないため、自発的に動けば動くほどおかしなことになっていきます。**

親がすべきことは、とにかく目の前のタスクをこなす習慣を身につけさせることです。

7

「20分単位」で区切る

ゲーム感覚で「2分の集中」から練習させる

小学生が集中できるのは20分がいいところだと前述しました。

だらだらと、いたずらに時間を過ごすことがないよう、**1回の勉強は20分をめどに区切ってみましょう。**

そのとき、タイマーやストップウオッチを用いて時間を計ると、子どもたちにとってよりわかりやすく、納得感も得やすくなります。

最終的には、1つの勉強に集中して、20分したらタイマーのブザーが鳴るという方法を採ればいいですが、最初のうちはもっと細かくやってみましょう。

気が散りやすい男の子には、まず「2分の集中」を練習させましょう。

というのも、中学の入試で出される最小単位の計算問題などは、普通の子が解くのにだいたい2分くらいかかるからです。

もし1分しか集中できなければ、問題は1つも解けないわけで、**最低でも2分は集中する必要がある**ということです。

親が横でストップウォッチを持ち、2分以内に計算問題を解くという学習を、ゲーム感覚でやってみてください。

8 ウォーミングアップに百ます計算を解く

解くスピードで「絶対的学力」の伸びがわかる

どんなスポーツでも、本格的な練習に入る前に必ずウォーミングアップをしますね。それによって体が温まり、筋肉もほぐれて動きやすくなります。

子どもたちが勉強に入るときには、頭のウォーミングアップが必要です。頭のウォーミングアップには**「百ます計算」**のような単純なものが向いています。

百ます計算を家庭で行うときは、**時間を計ってください。**それによって、その子の絶対的学力とその変化がわかってきます。解けるスピードが速くなっていれば、それだけ集中力もアップしているということです。

学校や塾で行われるテストでは、順位や偏差値など相対的学力ばかり見ていて、個人の絶対的学力になかなかフォーカスできません。しかし、重要なのは**「その子なりに伸びているかどうか」**ということです。

時間を計測しながら百ます計算を行い、そのスピードをアップしていくという訓練を積むことで、その子の基礎学力は絶対的に伸びるし、親や本人もそれを実感できます。

このように、**地頭うんぬんではなく、頑張る価値が感じられるものこそ、毎日のウォーミングアップに適しています。**

ただし、百ます計算ができる集中力だけでは、ほかの子に差をつけるところまではいきません。できれば、二百ます計算でウォーミングアップを行えるようになりましょう。二百ます計算を一気にやりきれるかどうかが、1つの壁であり指標になってきます。

もちろん、もっとハードルを高くすることも可能で、VAMOSの優秀な6年生は八百ます計算を一気にクリアします。

9 練習問題は時間ではなく「数」をこなす

受験勉強も社会に出ても大切なのは「生産性」

「1日に、どれくらい勉強させればいいでしょうか」

中学受験を考えている親御さんからよく受ける質問です。しかし、残業時間ばかり長くて生産性の低いビジネスパーソンが評価されないのと同じで、いくら長時間机に向かっていても、ぼけっとしていたら意味がありません。**子どもの生産性を上げるマネジメント**が必要なのです。

ところが、父親にはまだ熱血漢タイプが多く、「俺が子どもの頃は毎日5時間は勉強したもんだ」と、勉強にかけた時間を重視したがります。

一方で、エクセルを使って子どもが解いた問題を管理し、「時間は関係なく成果だけで見ています」という父親もいます。

もちろん、熱意も必要ですが、大事なのは**「できたか・できないか」**。できた数を増やしていけば、それだけ合格に近くなるわけです。

だったら、同じ10問を解くのに、1時間かけるよりも30分のほうがいいに決まっています。残りの30分をほかの問題を解くことに使えるからです。

「時間をたくさん費やせばいいのではない。そこでどれだけ数ができたかという生産性が重要なのだ」ということを、子どもの頃からわかってもらうことが大事。時間が限られた中学入試ではもちろんのこと、社会人になってからも生産性は必要です。

そのためにも、タイマーやストップウオッチを用いて計測し、短い時間で最大限の力を出し切ってみる経験が必要なのです。

10

男の子はリビングで勉強させる

自主性にゆだねると、結局好き放題で終わる

男の子は、見ていないと好きなことをやってしまいます。勉強でも、得意な教科ばかりやってしまうのが男の子です。しかし、中学入試ではあらゆる教科で点数を稼がなければなりません。だから、親の目が届くリビングで学習させましょう。

実は女の子の場合は、小学校の高学年になると自我が芽生え、自分の世界をほしがるので、リビング学習は向いていません。**しかし、男の子は精神的に幼く、まだまだ親に甘えたいので、リビング学習に抵抗感がありません。**

むしろ、家族がいることで安心して勉強ができます。

リビング学習がいいのは、**勉強しているときの姿勢**も親がチェックできることです。足をぶらぶらさせていないか。テーブルの上を消しゴムのカスだらけにして平気でいないか。そういうことも見ておきましょう。

11

予習はやめて「復習」に時間をかける

小学生が「未知」を学ぶのは効率が悪い

「予習・復習」とセットにされがちですが、これらはまったく性質の違うものです。**小学生には予習は必要ない**と私は思っています。

教えられたことを確認していく復習に比べ、未知のものを自分なりに解釈していく予習という作業は小学生にはとても難しいからです。しかも、その解釈が正しいとは限らず、間違ったことを覚えてきてしまう可能性もあります。

だから、予習はやめて、貴重な時間を復習にまわしましょう。

そして、だんだんと復習時間も少なくしていきます。学校も塾も含め、授業で教わったことは授業中に理解し身につけてしまうのが、生産性を考えた上でも一番です。

ただ、これは地頭のいい子でないと簡単にはいきません。普通の子にとっては、**いかに復習を効率的にやっていくか**が重要になります。

復習の目的は、授業でわからなかった内容、曖昧だった内容を、しっかり理解することにあります。復習をおろそかにして理解できないステップを放置すると、次からの授業はさらに理解できなくなります。

復習が上手くいかない子どもには一緒にそれを考えて教え、**「なるほど、ちゃんとわかった」と腹落ちさせてあげてください。**

「わからないことを咀嚼《そしゃく》して腹落ちさせる」という訓練を繰り返していると、やがて授業時間内にそれができるようになっていきます。

12

コスパが悪い教科に固執させない

「苦手の克服」よりも「合格する戦略」が効率的

希望している中学に合格するためには、入試で合格ラインに届く点数を取る必要があります。4教科あるならば、少しでも効率のいい割り振りを考えなければなりません。

ビジネスの場合でも、仮に4種類の製品を販売して純利益を競うとしたら、原価の安いもの、マーケティングがしやすいものなどを考え、少しでもコスパのいい商売をしようと考えるでしょう。同様に、子どもの受験でもコスパを考えなければなりません。

このときに重要なのが、子どもの勉強の場合、コスパを決める要素が日々変わるということです。

好きな算数が抜群に伸びているときもあれば、苦手な国語が少しできるようになっているときもある……。**その子の状況に応じて、合計点が一番高くなるにはどうしたらいいかを考えていかなければなりません。**大事なのは「苦手の克服」より**「合格する戦略」**です。

13 伸び悩んだら4教科やらせない

スランプは「一点突破」で乗り越える

どんな子にも成績が伸び悩むときがあります。親はもちろん、子どもも焦ります。しかし、この時期を上手く利用して、その後を大きく伸ばすことが可能なのです。

成績が伸び悩んだときは、4教科を全部やってはいけません。1教科にフォーカスしましょう。

4教科やってどれも成績が上がらないと、子どもは「なにをやっても上がらない。もうダメだ」と自信を失います。実際に4教科やっていれば1つの教科にかけられる時間も限られるために、頑張った割には結果が出ないことが多いのです。

一方で、1教科に集中すればたいてい伸びます。それを見て「あれ、できるじゃん」と思えるのが子どもの発想です。

とくに男の子の場合、すぐにその気になります。

1教科でも上がれば、上がった教科の水準で「俺、〇〇中学に行けると思う」などと言い出します。

そこで、「そうか、〇〇中学か。やるじゃないか。じゃあ、国語も社会もこの水準まで頑張ろうか」とノセてあげると、いきなりスイッチが入って苦手教科もすごい勢いで勉強したりします。

だから、伸び悩んだときは、すべての教科をやらせようとせずに、好きな教科など一番伸びそうなものを徹底してやらせましょう。

第7章

成績が伸びる男の子の親がこっそりやっている26の習慣

合格する子の親に共通する納得の「子育てルール」

子どもの学力は「親の習慣」で決まります。思うとおりにいかない男の子を褒めて叱ってやる気にさせ、勉強を好きにさせる。勉強だけでなく、自信や自立心を育て、社会に出ても折れない心を育むにはどうすればいいのでしょうか？　本章では、子どものために親が今すぐ実践できることを集めました。

学ぶことを好きにさせる習慣

1 「わからない」と素直に言える環境をつくる

父親が無口だと、男の子はなにも言えなくなってしまう

基本的に勉強は一人でするものです。しかし、小学生がその勉強を効率良くこなすためには親子のコミュニケーションが必要です。

「自分がわかっていること・わからないこと」を、子どもが親に的確に伝えられないと、ムダな努力を重ねてしまう可能性があるからです。

とくに、**優位に立ちたがる脳を持っている男の子は、わからないことも「わかった、わかった」と言い張る傾向にあります。**でも、わからないままでは勉強は楽しくなりませんから、**わからないことはわからないと素直に表現できる環境が求められます。**

父親が無口で威圧的だと男の子はなにも言えなくなってしまいます。会社にも、部下から「聞きたいことがあるけど近寄りがたい」と思われている上司がいるでしょう。

そういうコミュニケーション下手からの脱却が必要です。

親の習慣26

2

「親も一緒に戦っている」という姿勢を見せる

親がだらしないのに、子どもに頑張れというのは無理な話

私たちの世代が小学生の頃は、もっと無邪気に遊んでいました。でも、今の子どもたちは、そうではありません。ましてや、中学受験をするとなれば、**子どもなりに相当のプレッシャーと戦っているんだ**ということを、まず親は理解しなければなりません。

それが理解できていれば、子どもがリビング学習をしている横で、酔っ払ってくだを巻くことなどできないはずです。

いくら仕事が大変で、飲みたくもないお酒を飲まなければならない接待だったとしても、子どもにとっては関係ありません。今、目の前にいる親の姿がすべてなのです。

土日に住宅街にあるカフェに行くと、勉強している子どもの姿をよく見かけます。そういう子どもの目の前では、たいてい父親がノートパソコンを広げ仕事をしています。

もしかしたら父親は、疲れて家で寝ていたいのかもしれません。しかし、父親が目の前

でかっこ良く仕事をしていてくれたら子どもは嬉しいし、「僕もああなりたい」と思えるでしょう。

医者の子どもが医者になる確率が高いのは、頭脳や財力の問題というよりも、やはり患者を治している姿を見てリスペクトしている部分があるからでしょう。

男の子にとって、父親は最も身近な目標です。せめて中学受験が終わるまでは、「お父さんのようになりたい。だから勉強を頑張る」と思える存在でいてください。

親の学歴や職歴などは関係ありません。親のあり方の問題です。親が東大卒ならいいというものではなく、高卒であっても、**子どもがマネたくなるような姿を見せているかどうかが重要なのです。**

自分がだらしなくしていて、子どもに頑張れというのは無理な話です。

3 親が子どもと競い合って本を読む

家庭に「読書習慣」がなければ、子どもも当然本を読まない

本を読むという行為は、自ら文字を追ってストーリーを理解するという高度な作業を必要とし、**すべての学びの基本となります。**読書の習慣は、中学受験はもとより、長い人生を考えたときにも非常に重要な要素です。

男の子は読書好きが少ないですが、親が本を読むことでそれを変えていくことができます。実際に、親に読書習慣がないと子どもも本を読まない傾向にあるということは、データからもわかっています。**もっと「本を読んでいる姿」を子どもに見せてください。**

両親が本を読み、その感想を述べ合っていたら「自分も仲間に入りたい」と子どもも本を読み始めます。

「今週は何冊読んだ?」「この本は3日で読んだよ」などと、家族で競い合って読むのもいいでしょう。

4

子どもの「なぜ？」をキャッチして一緒に考える

親が知らなかったことを知るのは「子どもの最大の喜び」

ニュースを見ているだけでも、子どもの心の中に「なぜ？」はどんどん生まれます。

「日食ってなんで起きるの？」

「なんで、イスラエルってもめているの？」

親はどんなに忙しくても、**子どもの「なぜ？」をスルーせずにキャッチし、一緒に考えてあげてください。**

このとき重要なのは、親はすでにその答えを知っていても「○○だよ」と教えて終わりにせず、**あえて一緒に調べてみることです。**それによって、子どもはより楽しく学習できます。いきなりネットで調べるのではなく、地球儀や地図、図鑑などを用意しておくといいでしょう。

もちろん、親がその答えを知らなくても適当にごまかしたりしないこと。知らないことは「お父さんもわからないな。一緒に調べてみよう」でいいのです。親が知らなかったことを知るのは、子どもにとって「親に勝った」という最大の喜びです。ほかにも、いろいろ興味の範囲を広げてくれるチャンスです。

また、**親のほうからも、子どもの好奇心を喚起する質問を投げてみましょう。**

私の知人の東大生は、子どもの頃、よく親から聞かれたそうです。

「どうして、今年はこんなにリンゴが高いのか知っている？」

「なんで、アメリカでは普通の人も銃を持っていると思う？」

あなたも、いろいろなことを子どもに質問してみてください。

もちろん、**子どもが「なんでだろう？」と興味を持つレベルにすること。**あまり難しすぎることを投げかけても、子どもは楽しいと思えません。

「なんで、財務省は書類を改ざんしたんだと思う？」

こんなことを聞かれても、子どもは興味が持てないし、親が丁寧に説明したとしても理解できないでしょう。

親の自己満足に終わらないよう、あくまで「子どもが食いついてきたかどうか」を見極めてください。

5 スポーツの原理で男の子の集中力を伸ばす

勝負ごとから「努力」と「結果」の因果関係を学ばせる

落ち着きがなく集中力が続かない男の子に勉強習慣を身につけさせるには、いきなり勉強させるのではなく、**スポーツから入るのもいい方法です。**

スポーツには、「成績や勝ち負けがつきものであること」「自分が努力しただけ上達すること」「頑張れば周囲が応援したり褒めたりしてくれること」など、勉強と共通している要素がかなりあります。

スポーツでこうした原理を体感させておくことで、**「なぜ、勉強するといいのか」が子どもなりに腹落ちします。** 実際に、スポーツに夢中になった経験を持つ子どもは、早くから勉強にも集中できる傾向にあります。

スポーツが苦手なら、**将棋のような勝負事でもいいでしょう。** 大事なのは、子どもが夢中になれることです。

6 お母さんが叱り、お父さんが褒めると効果的

お母さんは誰よりも現実を知り、お父さんは常にライバル

「男の子を叱るのは父親の役割」と思っている親御さんが多いのですが、小学生の男の子には、それは当てはまりません。彼らにとってお父さんはリスペクトの存在ですし、目標でもライバルでもあるわけで、その人に否定されるとへこみすぎてしまうからです。

私が親御さんに伝えている理想型は**「成績のことで叱るのは塾の仕事。日常で叱るのはお母さん。お父さんは褒める役割を担う」**というものです。共働きであっても子どもと長い時間接しているのはお母さんという場合が多いでしょう。母親は父親よりも「子どもの事情」を知っています。たとえば、その週の勉強がなかなか進まなかったとしても、「今週は、とくに宿題が多かったから、それに時間がかかったものね」とわかっています。

そういうことをわかっている母親から「今週は時間があったのに、これじゃダメじゃないの」と指摘されたら説得力があり、子どもも納得せざるを得ません。

7 粘り強く、繰り返し叱る

男の子は悪意なく、すぐに「叱られたことを忘れる」

もともと男の子は無条件でお母さんが大好きですから、母親は普段は優しい存在でいて、子どもの事情をわかった上で「これじゃダメよ」と叱ってあげるとベストです。

しかし、こんなことを述べても、世の母親たちは納得してくれないでしょう。「それで済むなら苦労はしません」と。**男の子は叱ると一時的には反省するのですが、その効果が長続きしません。だから、「何度もしつこく」言うしかありません。**

男の子は悪意があるのではなくて、忘れてしまうのです。忘れた相手には同じことを言うしかありません。そういう状況にイライラせずに、「そういうものだ」と割り切って**冷静にコツコツコツコツ同じことを言い続けてください。**

ただし、コツコツとガミガミは違います。「感情的にガミガミ叱るお母さん」の言うことを、子どもは聞こうとしません。あくまでコツコツを心がけてください。

8

お父さんの「部下」にしない

「理詰め」で叱ると反論できず、反抗心に変わりやすい

まだ小学生の子どもに対し、**「理詰め」で物を言うのはやめましょう。**口に出さなくても、子どもは内心「俺の事情なんか全然わかってないくせに」と反発を覚えるだけです。

ある父親は、息子が約束した学習計画を守れなかったときに、エクセルの表を指さしながら「達成率70％にも満たないじゃないか」と叱ったそうです。でも、相手は会社の部下ではありません。

中学受験をする子どもの父親は、中間管理職世代。ダメな部下と自分の子どもを重ねてしまい「おまえは○○みたいになるぞ。あいつは使えないんだ」などと言ったりします。**子どもを子どもとしてちゃんと見ていないのです。**

もし、子どもに対して完全なマネジメントをしたいなら、**100％見ていなければダメ。**受験が終わるまで、一切の残業をせずに家に帰るくらいの覚悟を持たなければなりません。

9

「昔は〜」「おまえのために」はまったく響かない

精神論ではなく、合理的に「理由」を説明する

子どもを叱るときには、いくつかのNGワードがあります。

その筆頭が「お父さんが子どもの頃は……」の類い。

これを言われた途端、**子どもは「時代が違うよ」と興ざめします。**興ざめする子どもの感覚こそ正しいのですが、父親は「おまえ、その態度はなんなんだ」とさらに激高するという不毛な展開になります。

「おまえのためを思って言っているんだ」もまったく通用しません。**「思っているなら怒らないでよ」という子どもの理屈のほうが筋がとおっています。**

要するに、今の子どもたちを相手に、自分たちが育った時代の根性論を持ち出してもダメです。

大事なのは、「なぜ叱っているのか」という意図を伝えることです。

私も塾で子どもたちを叱りますが、「○○君は、今日までにこれを終わらせてくるという僕との約束を破ったね。だから僕は怒っているんだ」と具体的に叱ります。

約束を破ったり、時間に遅れたりというのは、子どもにもわかりやすい理由です。

道徳心に訴えたり、子どもの気持ちを否定したりせず、合理的でわかりやすい理由を伝えましょう。

10

男の子は2割褒めて8割叱る

「褒めて伸ばす」では男の子は伸びない

男の子は叱られたことはすぐに忘れるけれど、褒められると有頂天になります。

つまり、叱った効果と褒めた効果が極端に違うので、その割合を変えていく必要があります。私の経験から言うと、褒めるを2割、叱るを8割くらいで、ちょうどバランスが取れるのではないかと思います。

今は「褒めて伸ばす」が流行っていますが、小学生の男の子は会社の部下とは違います。**褒めればいい気になって、そのことばかりを繰り返したり、本来やるべきことをスルーしたりしてしまいます。**

それになにより、落ち着きのない男の子には**「叱らねばならない」機会が多すぎます。**

それと同じくらい褒めようとしても、そもそも無理。自分の息子に対して叱るが褒めるを上回っても、まったく気にすることはありません。

11 最も効果があるのは「褒め殺し」

「嫌み」は男の子の心を一番揺さぶる

叱られてもすぐに忘れてまた叱られる。

こういうことを繰り返している男の子は「叱られ慣れ」しています。**人は、慣れていることにはびくともしません。**

一方で、男の子は褒められることには慣れていません。

そこで、**ときには「褒め殺し」という方法を使ってみましょう。**私も男の子の生徒によくやります。

「いやいや、○○君。宿題してこないのは、そんなものやらなくたって合格間違いなしだからだよね。さすがだよね。○○君に、こんな簡単な宿題出しちゃって、ごめんね」と、ものすごい嫌みを言うのです。

あるいは、無視も効きます。

「ああ、宿題やってこなかったんだ。じゃあ、いいよ。もうなにも言わない」

男の子はよく、母親がつくったお弁当に文句を言いますね。そのときに、「お母さんの苦労がわからないの」などとガミガミ言うのではなく、「ああ、そうなんだ。ごめん。じゃあ、もうつくるのやめておくね」と無視をしてみると、男の子の態度ががらっと変わることがあります。

「褒め殺し」と「無視」は、男の子には非常に使えるツールです。

12 落ち込んだときは天狗になるまで持ち上げる

男の子が落ち込むのは、かなりの赤信号

女の子と違って男の子は、「落ち込む」ということが滅多にありません。それだけに、男の子が本当に落ち込んだ様子を見せたときは、かなりの赤信号。放置するのは危険です。

こういうときは、褒めて褒めて、天狗になるまで褒めてください。

理由はなんでもいいのです。

「ちゃんと7時に起きたんだって。偉いじゃないか」

「自分の食器を洗ったのね。ありがとう」

「あら、靴がきれいに揃えられている。お母さん嬉しいわ」

勉強に関係のないことでかまいません。

また、普段からできていることでもいいのです。

とにかくなにか見つけて、褒めちぎってあげましょう。

13 男の子にとって、父親は最大の理解者

父親が迎えにきてくれるだけで男の子は嬉しい

塾に親が子どもを迎えにくるとき、その多くは母親です。そして、母親は帰りの車の中でもいろいろ細かいことを言ってきます。

「今日やったプリント、早く見せなさいよ」「もういいよ。あとでね」

男の子はうんざりしてしまうのです。

一方で、父親はめったにきてくれない分、「あ、今日はお父さんだ」と、男の子はそれは嬉しそうにします。こういうときには、父親は子どもの理解者になってあげましょう。

「お母さんには内緒でラーメン食べていこうか」

なかなか二人きりになれない父親と、秘密の時間を持てることで、男の子の気持ちは一気にアップします。母親からすると「お父さんばかりいいとこ取らないで」と思いますよね。しかし、ここは役割分担。こうした応援の形もあるのです。

競争心に火をつける習慣

14 日常生活に「競争」を取り入れる

「負けて悔しい」という思いこそ、男の子の活力となる

昔の家庭は子だくさんで、夕食のおかずも兄弟が競争で奪い合いました。しかし、今の子どもたちはそうではありません。ましてや一人っ子であれば、なにをするにも家庭での競争はゼロ。

加えて学校でも、競争させられる機会が減っています。

しかし、中学受験は競争そのもの。**合格するとは競争に勝つことです。**また、社会に出てからも、とくに男の子にとっては競争は避けられません。その競争に適応できずにドロップアウトしていく若者が、会社にもいることでしょう。良い悪いではなく、競争社会に生きている限り、**競争からは決して逃れられないのです。**

今は子どもの数が減っていますから、大学も「どこでもいい」というなら入れます。また、企業も人材不足に悩んでいるため、「どこでもいい」なら就職も楽です。

しかし、競争を避けて得たものは、それなりでしかありません。結局は競争に勝った者、負けたくないという気持ちを持っている者が、さまざまな意味での「いい暮らし」を手に入れています。やはり競争は必要なのです。

であるならば、我が子には普段から競争慣れさせておくほうがいいでしょう。なかでも、

「負けて悔しい」という思いをさせることが必須です。

具体的には、習い事の1つになにかスポーツを入れることをすすめます。スポーツは、勝ち負けを直接的に体験できます。

家庭でも、いろいろ競争の機会を増やしましょう。トランプや将棋でも、公園でかけっこをするのでも、百ます計算でもいいでしょう。ゲーム感覚で親子で競ってみてください。

子どもの口から「やったぜ」「悔しい」といった勝ち負けにこだわるセリフが出るようになったらしめたものです。

15

「ライバル心」を煽り プライドをくすぐる

ライバル設定が下手な子どもには「絶対的努力」をさせる

今の子どもたちは、順位づけしない教育に慣れているので、ライバル設定が上手くありません。そこで、周囲の子どもたちの名前を借りて、煽ることもときに必要です。

「○○君に負けているじゃないか。おまえのほうが上だろ」

こうして、**男の子ならではのプライドをくすぐるのです。**

もっとも、それでも人と争うのが嫌いな草食系男子は増えています。そんなときは**「自分がライバル」でもいいでしょう。**サッカーでも、以前は「○○を蹴落としてポジションを取る」と、相対的努力を掲げる選手が多かったのですが、今はたいてい「日本代表に選ばれたい」という言い方をします。そのためには「自分が頑張ればいい」わけです。

このように、**自分をライバルとして絶対的努力をさせる**ほうが、今の子どもには馴染みやすいかもしれません。

16

「分不相応」のところを目指させる

男の子は目標を高く設定したほうが伸びやすい

男の子は、女の子のように物事の距離感をわかっていません。

私が指導に携わっているサッカーの例で言えば、男の子は日本代表選手と地域クラブのメンバーに選ばれるのとで、どのくらい実力に差があるのかもよくわかっておらず、そのため自分もプロに行けるのだと思っています。

中学受験でも同様で、自分が届くのがどのレベルの学校なのかも上手くつかめていません。であるならば、**とりあえず目標は高く設定してしまったほうが伸びやすくなります。**

1キロ先も30キロ先も違いがわからないのであれば、30キロを目指して走らせてしまえば10キロまで走れるかもしれません。しかし、1キロを目指させたらそこでおしまいです。

現実的な女の子の場合、10キロしか走れない子に「30キロを目指そう」と言うと「ノセようとしちゃって」と見抜かれます。男の子は、そういう面でやりやすいのです。

17 男の子は「リベンジ」が苦手

傷ついたプライドに精神論は逆効果

「リベンジ」という言葉が効くのは男の子か女の子か。実は、女の子のほうなのです。

たとえば、塾の春期講習などが終わったとき。女の子は「算数がまだ足りない」「理科が全然ダメだった」などと、すでに次を見据えています。

一方、男の子は「ああ、終わった」とやりきった感に浸っているだけで、その内容を振り返ろうとはしません。

また、男の子の場合、**失敗が傷になっていると、そのリベンジには向かいたくないという思いが働くようです。**

小学校受験で失敗した学校に中学受験でも挑戦したがったり、「絶対にあの学校よりもレベルが高いところに合格してやる」などと口にしたりするのは決まって女の子。男の子は「ああ、○○小学校、落ちたような気もするけど忘れちゃった」と、その失敗には触れようとしません。

そういう男の子に対して、父親が「おまえ、悔しくないのか」なんて言ったら拒絶反応を示すだけです。男の子の場合、**自分で悔しいと感じるのと、まわりから「悔しくないのか」と問いただされるのは大きな違いです。**

男の子にリベンジをさせたいなら、違う方法を選んでください。

たとえば、理科のテストの点が低くて落ち込んでいる男の子に、「次の試験では、理科で倍の点数を取ってみせろ」などとハッパをかけるのではなく、得意な教科でリベンジさせてあげるのです。

あるいは、勉強ではなくスポーツでリベンジさせるのもいいでしょう。要は、闘争心を取り戻させてあげればいいので、その素材はなんであってもいいわけです。

自信・自立心を育む習慣

18 「お腹いっぱい」だと欲求は生まれない

自立心を育みたいなら「与えすぎ」は禁物

受験競争を勝ち抜くためには、「どうでもいい」という無気力は大敵です。また、子どもの頃から無気力では、大人になって社会に出ても、「とくにやりたいこともない」という非常につらい状況に置かれかねません。

しかし、今の子どもたちはあまりにも忙しく、日々のスケジュールをこなすのに精いっぱい。「○○をやりたい」という自発的欲求を抱く余裕がありません。

とくに、共働きの家庭では、そうでない家庭と比較して、どうしても親子が関わる時間が少なくなります。すると「かまってあげられない」という罪悪感が生まれるのか、子どもにお金をかけるようになります。結果として、「習い事もスポーツも塾も、もっともっとやりなさい」となり、子どもは疲れ切ってしまうのです。

確かに、文武両道は理想ですが、それは親が言って身につくものではありません。**子ど**

もが「勉強がしたいな。でも、運動もしたいな」と心から思えたときに可能になります。

そして、この「○○したい」という欲求を育てるために、**遊びはとても大事です。**ところが、今の子どもたちは、遊んでいいと言われても「ママ、なにして遊べばいいの」と迷うのです。

受験を控えていても、ぎっしり予定を組み込むようなことはせず、「ちょっと物足りない」くらいにしておいたほうがいいでしょう。

私はよく**「お腹いっぱいにしないで」**とお願いしているのですが、親が子どもにしっかり与えすぎてお腹がいっぱいになってしまえば、子どもは「○○が食べたい」と思わなくなります。**自立心を育みたいなら、「与えすぎ」は禁物です。**

以前、オランダからきたサッカーの指導者が、驚いていました。

「日本の高校生は部活のサッカーの練習が休みになると、なぜ喜ぶのか」

自分でサッカーを部活に選んだということは、好きだということ。その好きなことを「やれない」状況をなぜ喜ぶのか不思議でならないというわけです。

実は今、日本でサッカーを習っている子どもは増えていますが、「サッカーが好き」という子どもは逆に減っています。ずっと習っているために、「やりたい」より「休みたい」が強くなっているのです。

本当は、**知らないことを学ぶ勉強も「やりたい」ことであるはずなのです。**しかし、与えすぎれば子どもはうんざりしてしまいます。

大人たちの仕事もそうかもしれません。本来、仕事は面白いものなのに、あまりにもたくさんあるから疲れて嫌になっている。それと同じことを子どもに強いていないか、振り返る必要がありそうです。

19 期待は親の「願望」にすぎない

親の期待を押しつけず、子どもの目標を「応援」する

男の子にリビング学習が有効なのは、彼らがまだ精神的に幼いからです。なんとなく家族がそばにいて、ときどき覗いてみては「お、できてるじゃん」と言ってもらったりすることで、応援を感じられ、勉強がはかどるのです。

こうした「応援」は非常に大事で、折に触れて表現してあげてほしいのですが、**それが「親の期待」という形にならないように注意してください。**

中学受験にあたって、親としては「○○中学に受かってほしい」「もっと、レベルの高いところを目指してほしい」という気持ちが湧いてしまうのは仕方のないことです。しかし、それを子どもに感じ取らせ、背負わせてはいけません。彼らはまだ幼いのです。

彼らは幼いが故に、**親の期待が自分にとってつらいものになってきても、それを表現する力がありません。**

だから、なおさら親はそれを押しつけてしまい、親と子どものパワーが逆転したときに、大きな反抗となって返ってきます。

子どもにこうした期待をかけすぎてしまうのは、父親より母親が多いようです。

父親は男の子と同じで根拠のない自信を持っており、「俺の子だから大丈夫」と勝手に考えているために、期待うんぬんをあまり口にしません。

逆に、父親が期待を押しつけるようなことがあれば、男の子は非常に強いプレッシャーを感じることになります。

忘れないでほしいのは「どこの中学を目指すか」は、最終的に本人が決めるべきだということです。

20

塾の行き帰りは自由にさせる

息抜きがなければ子どもは壊れてしまう

優秀なビジネスパーソンの姿として「通勤電車に乗っている時間も無駄にせず、語学や資格の勉強に充てている」というイメージがありませんか？

私も、そういう人を見かけたことが何度もありますが、「本当に頭に入っているんだろうか」と余計な心配をしています。仕事で疲れているんだから、電車の中くらいぼーっとしていたらいいのにと思うのです。

子どもたちの塾の行き帰りも、ぼーっとしたり友だちとおしゃべりをしたりして過ごせばいいと私は考えています。**そういう息抜きの時間がなければ、子どもは壊れてしまいます。**ただ学習教材に向かっていれば、それでいいのだと思わないでください。そのときの子どもの心身が脆弱なものになっていたら、**いくら勉強しても頭に入りません。**

子どもが疲れ果ててしまわないように、小さな余暇の時間は残してあげてください。

21

寝る前に自信のつく学習をさせる

1日の終わりに自己肯定感を感じさせる

中学受験が近づいてくると、こんな寝言を言う子が増えるようです。

「ごめん、まだ終わっていない」「どうしよう、間に合わない」

なんだかんだ言って、どの子もストレスがかかっているわけです。

これが大人だったら「ちょっと一杯いくか」で解消できるでしょう。しかし、それができない子どもには、違う方法で気分良く1日を終わらせてあげる必要があります。


具体的には、寝る前に子どもが得意とする問題の復習をさせましょう。


1日の終わりに「今日はよく勉強ができた！」と自信を深めて眠りにつくことで、自己肯定感を高め、次の日をポジティブにスタートさせることができます。

逆に、「できなかった」と思って1日を終えてしまうと、どんどんネガティブになっていってしまいます。子どもの就寝前の勉強にも気を配ってみましょう。

失敗・挫折に折れない心をつくる習慣

22 すぐに手を貸さない

小さな躓きの経験こそが、折れにくい精神をつくる

小学生の頃の男の子はとても幼いし、ましてや今の子どもはハングリー精神にも欠けています。しかし、いずれ厳しい競争にさらされるときがくるのですから、男の子には早くからトライ&エラーを経験させるべきです。

ただし、トライ&エラーにはコツがあります。**立ち上がれないような大きな失敗ではなく、小さな躓き程度にしておき、かつ親がすぐに手を貸さないようにすることです。**

頑張れば自分で起き上がってくることができるトライ&エラーをいくつも経験していると、男の子は折れにくい強靱《きょうじん》な精神が身につきます。

もちろん、起き上がれるラインはその子によって違います。復活不可能なダメージを与えてしまってはダメで、そのあたり、父親には充分に気をつけてほしいところです。

男の子を育てるのが上手な親は、そのラインをしっかり見極めていることが多いのです。

23 いざというときは父親が受け止める

「合格する子ども」の父親は、自分の役割を知っている

男子中学校の入試当日の風景を見ていると、開成や麻布など難関校になるほど、付き添っている父親の割合が高くなります。会社を休んででも父親がその役目をするのです。

もちろん、母親だって心配しているに決まっています。ただ、**役割分担ができていて、男の子の「ここぞ」という場面では父親が出てくるようにしている**のだと思います。

このように、**父親が自分のポジションを上手に見つけている家庭は、子どもの学習も上手くいく傾向にあります。**普段は母親ならではの優しさに包まれていたい男の子も、いざとなったら父親に出てきてもらうことで心強く感じます。

だから、男の子が大きな失敗をしたようなときは父親の出番。男同士でじっくり話を聞いてやりましょう。そして、「お父さんもずいぶん失敗したよ。でも大丈夫だ」と言ってあげれば、男の子は立ち直ります。

24

49の失敗で51の成功を手に入れさせる

潰れないように失敗体験と成功体験のバランスを調整する

以前は「男は失敗してこそ成長する」という根性論がまかりとおっていました。だから、親世代は「息子には成功よりも失敗を多く経験させよう」と考えがちです。

確かに、これまで説明してきたとおり、失敗体験は成長の過程で必要です。企業で働く東大出身者を見たときに、最近の傾向として、地方の公立校から東大に入ったタイプと、有名進学校から入ったタイプでは、後者のほうがビジネスパーソンとして強いといわれています。おそらく、地方で「神童」と呼ばれていた子は、進学校で競争してきた子に比べて**「負けた経験」が少ないためと思われます。**

かといって、今の子どもは、失敗のほうが多いと潰れてしまいます。そこで、失敗49に対して成功51くらいの割合で経験を積んでいくといいでしょう。

25 弱音を吐ける「家庭以外の場」をつくっておく

「応援してくれる人」と「指導してくれる人」が必要

両親は役割分担こそしていますが、どちらも子どもの「応援者」です。

ただ、男の子には応援者以外に**「指導者」**も必要です。**挫折したときに、家庭以外の場所で弱音を吐いたり、アドバイスをもらえたりする場をつくってあげることが重要です。**

従来、学校の先生がその役割を担っていました。しかし、今はちょっとその価値が薄らいでいます。というのも、今はいろいろなタイプの子どもがいて、大勢を一括指導しなければならない先生は、一人ひとりに対し自分の良さや個性を発揮できないでいるのです。

そこで、私たちのような塾の講師や、少年野球やサッカークラブのコーチなどの出番となります。そういう場に身を置くことは、指導者を得られるだけでなく、同じ目標を持った仲間と切磋琢磨したり、勝ち負けを経験したりすることになるので、なおさら男の子には必要です。

26

「数値化」と「ペナルティ」を使い分ける

男の子は単純でわかりやすいことが大好き

学習塾では成績順に席を決めるところがあります。たいてい、テストで良い点数をとった子ほど前にきて、ビリの子は一番後ろに座ります。

女の子にこれをやると、ショックでこなくなってしまうことがありますが、男の子は平気。もちろん、ビリはかっこ悪いですが、一番後ろの席に座らされるのは、「頑張らなかったことへのペナルティ」と理解するからです。**男の子はわかりやすいことが大好きなので、頑張ったヤツが一番前にいるのは当然だと割り切れます。**

また、「負けることは嫌なことだ」と肌感覚でわかることによって、その失敗を次に生かせますし、頑張れば自分も一番前の席に座れると単純に思えるのです。

このように、男の子は**数値化された目標**（ここでは、何人抜けば一番前に座れるか）と、**ゲーム感覚のペナルティ**があると、その失敗を上手に活かしていくことができます。

おわりに

今日もVAMOSでは、誰かが忘れ物をし、プリントを破き、大きな声で騒いでは講師に叱られています。その「誰か」は決まって男の子です。トイレに行ったきり、友だちとのやりとりに夢中になってなかなか戻ってこないのも男の子です。

厳しい講師がいる塾ですらこうなのですから、家庭ではさぞ手に余ることでしょう。男の子を持つお父さん、お母さんのため息が聞こえてきそうです。

しかし、どんなに落ち着きのない子でも、本書の方法で接していただければ必ず伸びますから安心してください。むしろ、「男の子とはそういうものだ」と親が大きく構えていることで、彼らの成長は促されます。

ただし、親世代の「そういうもの」と、今の子どもたちでは大きな違いがあるという認識は必要です。間違っても、「男の子なんだから頑張れるだろう」と、親世代の根性論や価値観を押しつけるようなことをしてはなりません。

私が改まって言うまでもなく、今後の世界はAIによってめざましい変化を遂げ、人間のありようも変わっていきます。

今の子どもたちは、「自分たちの10年後、20年後が想像できない」という社会を生きていくことになります。親世代のように、「法律について猛勉強したから弁護士として食べていける」といった保証は1つもないのです。

そういう社会に対応し、勝ち抜いていける男の子に育てていくためには、親も変わらねばなりません。自分たちが子どもだった頃と比較したり、隣に住む子どもと比較したりして、悩んだり喜んだりするのはやめましょう。

目の前にいるあなたの息子さんを見て、そして信じてあげてください。

「変わりゆく社会にあって、この子はいったいどんな面白いことをやってくれるのかな」と、ワクワクした気持ちで接してあげてください。

その子は、親世代が夢にも思わなかったことをやり遂げてくれる可能性の塊なのです。そういう子どもを育てるプロセスをどうか楽しんでください。

富永雄輔

2018年11月

[著者]
富永雄輔（とみなが・ゆうすけ）
進学塾VAMOS代表。幼少期の10年間を、スペインのマドリッドで過ごす。京都大学経済学部を卒業後、東京・吉祥寺に幼稚園生から高校生・浪人生まで通塾する「進学塾VAMOS（バモス）」を設立。入塾テストを行わず、先着順で子どもを受け入れるスタイルでありながら、毎年塾生を難関校に合格させ、その指導法は、「プレジデントファミリー」「アエラ ウィズ キッズ」「日経キッズプラス」などでも取り上げられる。学習指導のみならず、さまざまな教育相談にも対応し、年間400人を超える保護者の受験コンサルティングを行っている。自身の海外経験を活かして、帰国子女の教育アドバイスにも力を入れているほか、トップアスリートの語学指導、日本サッカー協会登録仲介人として若手選手の育成も手掛けている。著書に『「急激に伸びる子」「伸び続ける子」には共通点があった！』（朝日新聞出版）、『東大生を育てる親は家の中で何をしているのか？』（文響社）などがある。

著者エージェント：アップルシード・エージェンシー
http://www.appleseed.co.jp/

男の子の学力の伸ばし方

2018年12月12日　第1刷発行

著　者――富永雄輔
発行所――ダイヤモンド社
〒150-8409　東京都渋谷区神宮前6-12-17
http://www.diamond.co.jp/
電話／03･5778･7232（編集）　03･5778･7240（販売）
装丁――――井上新八
本文デザイン―布施育哉
カバーイラスト―高橋由季
構成――――中村富美枝
校正――――鷗来堂・三森由紀子
製作進行――ダイヤモンド・グラフィック社
印刷――――勇進印刷（本文）・加藤文明社（カバー）
製本――――ブックアート
編集担当――木下翔陽・市川有人

ISBN 978-4-478-10527-6